Je t'aime,
donc je ne céderai pas!

Etty Buzyn

Je t'aime,
donc je ne céderai pas !

avec la collaboration d'Isabelle Bauer

Albin Michel

Collection « Questions de parents »
dirigée par Mahaut-Mathilde Nobécourt

Aux parents résistants.

Introduction

Quelle que soit l'époque, la vie avec un enfant n'a jamais été « un long fleuve tranquille ». Aussi émerveillé et éperdu d'amour soit-on devant son tout-petit, il faut supporter ses cris, ses pleurs, ses colères, ses bêtises, ses manifestations d'opposition au fur et à mesure qu'il devient grand et qu'il s'autonomise. La question de l'autorité, au cœur de toute éducation, n'est pas nouvelle. Sans pour autant être devenue un phénomène de mode, elle reste au centre des questions qui agitent notre société face à l'éclatement des modèles familiaux et au phénomène de la violence ordinaire chez nos enfants qui, de plus en plus jeunes, miment les ados. Ces problèmes imprègnent au quotidien les propos des spécialistes de l'enfance dont les médias se font le relais.

Éduquer un enfant s'apparente ainsi à une véritable épreuve de force qui peut plonger les parents dans une angoisse latente. En effet, je lis de plus en plus souvent de la peur dans les yeux des parents qui viennent consulter pour leur enfant devenu « ingérable », et qui se sert de l'amour dont il est l'objet pour braver tous les interdits et défier les règles de la vie en commun.

Histoires d'adultes débordés, perdus, infantilisés par une progéniture qui prend trop souvent le pouvoir, les provoque et les pousse à bout. Enfants face auxquels parents et éducateurs se trouvent aussi désarmés qu'un marin dont le bateau serait dépourvu de gouvernail. D'où vient cette crainte qui submerge les adultes dans leur rôle éducatif ? De quoi se nourrit-elle ? Pourquoi les parents se retrouvent-ils si tôt pris dans une spirale de difficultés qui crée une inquiétude permanente et paralysante dans la relation à leurs enfants ? L'enfant devient un « adversaire » dont ils hésitent trop souvent à affronter la détermination.

L'objectif de ce livre n'est pas de relancer le débat tel qu'il se pose habituellement sur la légitimité de l'autorité parentale et sur la manière de l'exercer. La priorité de cet ouvrage consiste davantage à s'interroger sur les raisons, à la fois individuelles et sociales, qui empêchent les parents d'exercer leur rôle ; à analyser leurs doutes, leurs ambivalences ; à débusquer la peur qui les bloque dans l'exercice d'une mission aux enjeux de plus en plus écrasants. Et cela d'autant plus qu'ils sont de moins en moins présents et cherchent en priorité – et en toute innocence – à éviter les conflits dans le peu de temps qu'ils passent avec leurs enfants.

Nous sommes aujourd'hui dans une période symptomatique d'un certain flou éducatif où bien des comportements sont d'abord à identifier et à comprendre avant de pouvoir être maîtrisés ou réinventés. Contrairement à une idée reçue, trop souvent évoquée, les parents ne sont pas démissionnaires : ils doutent et s'interrogent. Et pourtant ils savent… L'enjeu de mon propos est là, essentiel : rendre aux adultes la confiance en leur capacité d'éduquer leurs enfants. Ce message, que je veille à transmettre aux familles qui font la démarche de me consulter et ont accepté de figurer dans cet ouvrage, je souhaite à présent le communiquer à mes lecteurs.

1

Peur de perdre son amour ?

« Les antibiotiques, c'est pas automatique ! » Le slogan a bercé nos oreilles sur les ondes radiophoniques, point d'orgue d'un scénario presque immuable : une maman, inquiète pour son bébé malade, se demande si le médecin a eu raison de ne pas lui prescrire des antibiotiques. Intervient alors sa fille, qui doit encore avoir l'âge de jouer à la poupée à en juger par sa voix flûtée : « Il a dit que c'est un virus, le docteur ? » La fillette enchaîne de savantes explications sur le bon usage de ce type de médicament, faisant au passage la leçon à sa maman. « Quelle science ! » s'extasie cette dernière. La scène pourrait être banale si elle ne révélait une étrange inversion des rôles : l'adulte semble être bien à côté de la plaque face à une enfant mieux informée et… plus responsable !

Quelle place tient aujourd'hui l'enfant dans la société ? La publicité, miroir des tendances et des évolutions, a répondu à sa manière : insidieusement, elle l'a poussé au centre, au même rythme qu'apparaissait et se diffusait la notion d'« enfant roi », ce tout jeune monarque choyé et adulé par des adultes qui n'osent pas contrarier ses exigences de peur de lui déplaire.

Ainsi, du bébé à l'adolescent, les enfants trônent de plus en plus souvent dans les messages publicitaires, mettant leur grain de sel partout, qu'il s'agisse du choix d'une marque de yaourts, d'un opérateur internet, ou même de celui de la voiture familiale : « La voiture que les enfants conseillent à leurs parents », affirmait la campagne pour la Peugeot 806.

L'enfant, un modèle idéalisé

Prescripteur chéri des annonceurs, l'enfant est devenu, malgré lui, le nouveau modèle à suivre. Une instrumentalisation qui s'appuie sur une logique de consommation : outre l'objectif de fidéliser ce futur client dont le pouvoir d'achat ne cesse d'augmenter en termes d'argent de poche, son influence sur les achats familiaux a largement été démontrée dans de nombreuses études. Un sondage CSA pour *L'Expansion* (2000), par exemple, illustre son pouvoir de prescription qui s'est étendu dans les domaines des loisirs (71 %), des produits alimentaires (49 %), des vacances (46 %) et de l'informatique (41 %).

On sait également combien les enfants, dont le média préféré est la télévision, sont séduits, et même fascinés, par ces petits « films » drôles, rythmés, rapides. Or ils n'ont pas les mêmes défenses mentales que les adultes. Plus ils sont jeunes, moins ils font la distinction entre un programme ordinaire et une publicité, et moins ils sont capables d'en décoder le message. Une « proie » facile que rien ne vient vraiment protéger, hormis la vigilance des parents dont la responsabilité consiste à éveiller l'esprit critique de l'enfant pour qu'il apprenne à résister à l'influence perverse des messages.

Il y a quelques années, la Suède, qui s'apprêtait à présider l'Union européenne, a tenté en vain de faire adopter aux autres pays européens sa législation très stricte concernant l'enfant et la publicité. Un tel projet a provoqué un véritable tollé chez les annonceurs français, qui estimaient absolument inconcevable de «priver les enfants des pubs qui les concernent»; autrement dit, la pub, c'est pour leur bien…

Pas question de perdre «leurs meilleurs vendeurs»! Pour mieux les «concerner», la publicité ne se contente pas de leur faire miroiter un monde merveilleux où règne le plaisir immédiat. Elle flatte également leurs désirs d'être plus forts, plus grands, plus autonomes, plus malins que les adultes, autant de fantasmes propres à l'enfance.

C'est précisément là que surgit l'enfant comme nouveau modèle idéal de la société. Il n'est plus seulement un prescripteur, mais détient les clés de la connaissance, de la sagesse et, pour tout dire, d'un monde qui a échappé à des adultes déphasés. Et cela, dès le berceau! Dans un spot récent de Publicis pour EDF, un bébé fait ainsi la leçon à son papa, stupéfait: «Ah, papa, pendant que je te tiens, dit-il avec une "mâle" assurance, y a un truc dont je voulais te parler: il fait parfois trop chaud dans ma chambre, et la température serait plus stable en installant un thermostat programmable; on déclencherait le chauffage juste pour mon retour de la crèche et on consommerait jusqu'à 10 % en moins…» Prodigieux!

Bien sûr, cela prête à sourire. Dans la vie réelle, aucun enfant ne réclame l'installation d'un thermostat dans sa chambre, pas plus qu'il ne reproche à ses parents de lui administrer des antibiotiques! Il n'empêche que ces enfants adultes suscitent quand même un certain malaise quand ils empiètent de cette façon sur le rôle de leurs parents. Drôle de renversement des valeurs…

En toute logique, les parents accusent au passage une sérieuse régression: ils apparaissent dans de nombreux spots comme infantilisés, dépassés, voire un peu stupides. «C'est mon père qu'il faut éveiller!» remarque, dans une campagne pour le lait d'Éveil Lactel, un garçonnet consterné

15

par les pitreries de son papa. Dans ces messages publicitaires où les repères traditionnels sont volontairement brouillés, les adultes sont bien en peine d'exercer leur autorité. L'enfant transgresse sciemment les interdits sous leur regard médusé et impuissant. Le craquant jeune héros de la série *Maurice* pour Nestlé, dont la frimousse barbouillée de mousse au chocolat trahit le forfait, fait la leçon à son poisson rouge (Maurice). Il se glisse avec malice dans la peau du « parent » pour lui faire endosser le vol et l'accabler des reproches qui auraient dû lui être destinés : « Je t'avais prévenu, Maurice... T'as dépassé les bornes des limites... Tu pousses le bouchon un peu trop loin, Maurice ! » Et la mère, dans tout cela ? Elle n'est pas dupe, certes, mais assiste en retrait à la scène, avec pour seule réaction un laconique « Ben voyons... ». Complice de son fils, comme si elle avait, en quelque sorte, renoncé à son rôle d'éducatrice.

Le long processus qui a placé l'enfant au centre de la famille, puis de la société, nous est renvoyé dans un miroir grossissant par l'univers de la publicité. Si l'enfant est devenu, fort heureusement, un individu à part entière que l'on doit s'efforcer de mieux écouter, comprendre et respecter, n'en fait-on pas trop ? Récemment, la marque Brandt a lancé un concours de doudou dont le vainqueur, « Monsieur Éléphant », a assuré la campagne de promotion d'un lave-linge doté d'un programme de lavage ultrarapide, avec ce slogan : « Séparer trop longtemps un enfant de son doudou, c'est insupportable. » Un « programme », en effet, où tout doit être mis en œuvre pour que l'enfant désiré, choyé, soit protégé de la moindre frustration, de peur de le brimer...

Jamais, sans doute, il n'a autant été mis à cette place centrale : on lui demande son avis sur un grand nombre de choses, on négocie sur les autres, on s'informe sur ce qu'il veut, ce qu'il ne veut pas ; on le met en avant de la famille en l'invitant à annoncer la naissance du bébé sur les faire-part, à décliner, sur le message d'annonce du répondeur familial, la composition de la famille et de la disponibilité de celle-ci (« Bonjour, vous êtes chez Juju, Mimi, Colette et Bernard, nous ne sommes pas là... »). Sans même parler de l'organisation de goûters d'anniversaire somptueux, qui génèrent un véritable marché lucratif, tout comme la mode de ces *kids* qui exigent de s'habiller comme des grands... On pourrait multiplier ainsi les exemples.

Les enfants ont-ils vraiment envie de la place qui leur est donnée ? Pas si sûr... Depuis quelques années, les psychologues s'inquiètent du nombre croissant d'enfants souffrant de troubles divers, amenés dans leur cabinet par des parents qui s'avouent dépassés, en perte de repères.

La télévision – encore elle ! – s'est d'ailleurs empressée d'exploiter ce phénomène pour créer un nouveau concept de « téléréalité » : l'émission *Super Nanny*, sur M6, a inauguré en 2005 l'ère du coaching pour les parents en faillite éducative. Cathy, la supernounou, chignon strict et lunettes d'institutrice, s'invite dans ces familles au bord de la crise de nerfs où les enfants font la loi. Après un temps d'observation, elle fait la leçon aux parents défaillants et réprimande les petits monstres. Puis, avant de voler au secours d'une nouvelle famille en détresse, elle laisse en guise de souvenir une série de recommandations que les uns et les autres se doivent de respecter pour rester dans le droit chemin. L'histoire ne dit pas ce qui se passe une fois les caméras reparties, mais l'émission a rassemblé quelque 4,5 millions de fidèles ! Symboliquement, Super Nanny aura rendu un moment aux parents le pouvoir qu'ils avaient laissé à leurs enfants et on ne saurait l'en blâmer !

17

Comment en est-on arrivé là ?

Dans *Une folle solitude, Le fantasme de l'homme auto-construit*[1], le sociologue et mathématicien Olivier Rey signale un fait qui n'a guère marqué les esprits tant il semble anecdotique. Et pourtant...

Au cœur des années 1970, l'orientation des poussettes prend un virage à 180 degrés. Dès lors, le bébé cesse d'être à la portée du regard de sa mère. Il est exposé à celui des passants, placé dès l'âge de six-huit mois face à un monde inconnu, et donc inquiétant. Or il est à un stade de son existence où, justement, il a besoin d'être rassuré. À cet âge, le tout-petit franchit une étape importante de son développement, que l'on nomme l'«angoisse du huitième mois» : depuis qu'il fait bien la distinction entre visages familiers ou non, entre sa maman et lui, il supporte mal que celle-ci disparaisse de sa vue. Incapable encore de comprendre qu'elle va réapparaître, il éprouve l'angoisse de se retrouver seul, plus ou moins intensément selon les enfants. Les personnes étrangères «cristallisent» alors, en quelque sorte, cette peur d'être abandonné. Être ainsi contraint dans sa poussette de tourner le dos à ses parents le prive de la vue de leur présence rassurante. Il perd un soutien fondamental, en même temps que sont interrompues la communication et l'intimité qu'il pouvait tisser avec eux lorsqu'il s'accrochait à leurs yeux...

Le voilà également promu au statut d'«éclaireur», celui qui ouvre la marche et montre la voie à ses parents. Une petite révolution silencieuse, ô combien symbolique de l'évolution des relations entre les parents et leurs enfants...

Simple effet de mode ou désir d'offrir à l'enfant une liberté

---

1. REY Olivier, *Une folle solitude, Le fantasme de l'homme auto-construit*, Le Seuil, 2006.

et une autonomie symboliques, impulsées par la révolution de mai 1968 ? Cette évolution n'est pas le fruit du hasard. Elle résulte des mutations profondes de la société française au cours de la même décennie.

La révolte sociale de mai 1968 a été une quête puissamment revendicatrice de la liberté. Logiquement, elle s'est traduite par le rejet de l'autorité, de la transmission des savoirs et des valeurs qui avaient été les piliers des générations précédentes, et des règles qui les définissaient. Tout devenait possible, tout restait à inventer. « Il est interdit d'interdire », « Brisons les vieux engrenages », « Soyons réalistes, demandons l'impossible », pouvait-on lire sur les murs de la capitale. Or l'impossible, par définition, n'était pas si réaliste que cela… On peut formuler l'hypothèse que les parents d'alors, déçus de n'avoir pu atteindre le mythe de la liberté absolue, aient transmis le flambeau à leurs enfants, ceux-ci devenant à la fois les enfants réparateurs de leurs déceptions et les dépositaires de tous leurs espoirs.

Portées par cette mise à mal des schémas traditionnels, les revendications féministes ont pris leur envol : désir d'indépendance, revendications d'égalité. Les femmes réclament, à juste titre, les mêmes droits que les hommes : celui de travailler à salaire égal pour la même qualification, celui de partager l'autorité parentale (jusqu'en 1970, cette autorité était entièrement dévolue au père, le « chef de famille »).

L'union libre est revendiquée, le divorce à consentement mutuel institutionnalisé. Les femmes exigent la liberté, s'en saisissent lors des divorces, puisque ce sont elles qui, le plus souvent, prennent l'initiative de la séparation. Comme si, inconsciemment, elles compensaient ainsi ce que leurs mères n'avaient pas pu faire. Il est fréquent que les enfants réparent les frustrations de leurs parents…

Enfin, avec l'arrivée de la pilule, la maîtrise de la fécondité est rendue possible. Une autre révolution ! En 1967, le député

Lucien Neuwirth fait adopter une loi autorisant l'utilisation des contraceptifs. Il abroge ainsi une loi plus ancienne, celle de 1920, qui interdisait aux Françaises d'avoir recours à un moyen de contraception ou d'interruption de grossesse. L'avortement était alors passible de la cour d'assises, et même considéré, en 1942, comme un crime d'État !

En 1974, la pilule et le stérilet sont remboursés. La libéralisation est en marche. « Notre corps nous appartient ! » clament les féministes. Grâce à leur combat et à une incroyable mobilisation des femmes, l'avortement, ou interruption volontaire de grossesse, est autorisé en 1975 par la loi Veil, au terme de débats houleux. Elle sera adoptée définitivement en 1978, et l'IVG remboursée à partir de 1982.

Désormais, les Françaises ont les moyens légaux de décider d'avoir un enfant ou non. L'enfant peut être désiré, voire programmé. On lui donne le feu vert pour la vie. Il n'en deviendra que plus précieux... Auparavant, l'arrivée de l'enfant s'imposait, on se débrouillait généralement pour lui faire une place et l'intégrer naturellement dans la famille. Était-il pour autant moins aimé que l'enfant désiré d'aujourd'hui ? Il n'est bien évidemment pas question de remettre en cause l'accession des femmes à une certaine indépendance. Mais de regretter que la société, au sens global du terme, n'ait pas suivi cette évolution naturelle et légitime pour leur faciliter l'accès au fragile équilibre entre travail et vie de famille qu'elles s'échinent à maintenir.

La généralisation de la contraception a coïncidé avec l'arrivée massive des femmes sur le marché du travail : le nombre des actives a doublé en trente ans, passant de 6,5 millions en 1960 à environ 11 millions en 1999. Aujourd'hui, beaucoup de mamans aimeraient avoir davantage de moments de proximité avec leurs enfants, mais elles n'ont guère le choix, d'autant qu'elles continuent bien souvent à assurer seules à la maison nombre de tâches quotidiennes. Leur enfant précieux est, malgré elles, mis à distance. « L'enfant roi, votre chérubin, le trésor de votre vie, est *persona non grata* dans le monde du travail. Dur à admettre, mais c'est ainsi. L'enfant doit surtout briller par son absence. Ne jamais l'emmener, même si on a envie quelquefois de l'exhiber. Après les premiers cris d'extase d'usage, il redevient très vite ce qu'il n'a jamais cessé d'être, un gêneur, un trublion, un importun[1] », écrivait déjà Michèle Fitoussi en 1987. « À peine le temps de savourer notre liberté toute neuve durement gagnée sur le front du féminisme, qu'on s'est bêtement retrouvées seules en piste. Avec tout sur les épaules, comme Atlas portant le monde », écrit-elle encore, ajoutant avec humour : « Nous sommes devenues des femmes au foyer qui travaillent. Ce qu'il nous faudrait, c'est une épouse. » Les nouveaux parents ont acquis liberté et assurance, mais ils se trouvent aujourd'hui face à d'autres problèmes, bien difficiles à résoudre.

Au moment où les idéaux de liberté et d'égalité se propageaient dans les années qui ont suivi mai 1968, Françoise Dolto bouleversait le regard que l'on portait alors sur l'enfance et l'éducation, soulignant le rôle fondamental joué par celles-ci sur la construction des individus. Elle a répandu l'idée révolutionnaire que le bébé et l'enfant sont des sujets à part entière, des êtres de langage qu'il faut écouter et respecter. Auparavant, le bébé n'occupait pas une place centrale dans la famille. Il n'était pas considéré comme un individu, mais tout juste comme un « tube digestif » jusqu'à ce qu'il accède à la parole. Il était accueilli avec une certaine fatalité, on lui accordait une place, même approximative, et on ne forgeait pas spécialement de projets pour lui. Sa naissance pas plus que son avenir n'étaient programmés, d'autant qu'« il s'en perdait » quelquefois en route.

---

1. FITOUSSI Michèle, *Le Ras-le-bol des superwomen*, Calmann-Lévy, 1987.

21

Aujourd'hui, s'il a une place de choix dans sa famille, il a également l'obligation d'être vivant, parfait, performant. L'accent est mis sur son épanouissement, il doit « se réaliser », et réaliser les projets que ses parents forment pour lui.

Peut-être le glissement s'est-il opéré là. Il est possible que les parents qui ont lu et écouté Françoise Dolto, ceux-là mêmes qui retournaient la poussette de leur bébé, aient compris et interprété son message comme : votre enfant est votre égal, un adulte en miniature, ce que Françoise Dolto n'a eu de cesse de contester.

Comment celui-ci ne se serait-il pas alors saisi du pouvoir qu'on lui offrait ? Le voilà devenu « roi ». Et bientôt « tyran ». On lui fera néanmoins comprendre qu'il lui faut à présent apprendre à se débrouiller seul, et le plus vite possible. En effet, ses parents, qui travaillent tous les deux, ne sont plus guère disponibles, ne peuvent plus être dans une vraie proximité avec lui. La poussette tournée vers l'extérieur est là d'emblée pour le mettre en situation. « Après tout, tu n'as pas besoin de moi pour affronter le monde ! » lui signifie-t-on ainsi. D'ailleurs, « ces dernières décennies, la question des modes de garde est devenue une priorité, et a pris de ce fait une ampleur considérable. Les mamans se trouvent contraintes de penser à la séparation avant même que leur bébé ne vienne au monde et qu'elles n'aient eu le temps de le découvrir. Du coup, cette petite personne tant désirée devient parfois bien problématique[1] »…

Il faut souligner que Françoise Dolto rejetait l'expression « l'enfant est une personne ». « Personne » était un terme trop ambivalent à son goût puisqu'il pouvait tout autant signifier « n'être personne ». Ainsi, dans la réalité, n'étant pas un adulte, n'étant pas non plus vraiment considéré comme un

---

1. BUZYN Etty, *La nounou, nos enfants et nous*, Albin Michel, 2004.

enfant, ce dernier s'est peut-être perdu dans un flou magistral... Et ses parents avec lui ! Dans bien des familles, on n'arrive plus à savoir qui est qui, ni quel rôle et quelle place appartiennent à chacun.

Les parents qui viennent en consultation, désemparés par cette confusion, se plaignent de ne pas parvenir à gérer le statut qu'ils ont eux-mêmes donné à l'enfant et les exigences de cet « enfant roi ». Mais quels besoins exprime-t-il vraiment à travers celles-ci ? Ne recherche-t-il pas tout simplement ce que Françoise Dolto appelait « la castration symbolique », c'est-à-dire les limites, les règles qui lui fournissent le cadre sécurisant dont il a besoin ? Ses parents ne parvenant pas à les lui donner, c'est lui qui les provoque, les poussant à bout pour qu'ils réagissent et s'opposent à ses excès, les apostrophant comme s'il n'était effectivement plus un enfant, mais une grande personne s'adressant à des adultes infantilisés par l'inversion des rôles.

« Tu ne me parles pas sur ce ton ! » lance Lola, six ans, à sa mère. Chaque soir, sa maman est à peine revenue du travail que Lola, la mine boudeuse et le verbe agressif, la mitraille de caprices : pourquoi une douche alors qu'elle préfère le bain ? Pourquoi préparer des haricots verts puisqu'elle ne mange que des pâtes ? Pourquoi irait-elle se coucher sans avoir le droit de regarder la télévision elle aussi ? Dans la rue, Lola est tout aussi infernale, refusant de mettre un pied devant l'autre si l'on ne s'arrête pas à la boulangerie. Un jour, excédée, sa mère l'attrape par le col de son manteau pour la faire avancer de force. « Au secours ! Au secours ! » se met à hurler la fillette avec un art consommé de la comédie et de la manipulation. Quelle aide réclame-t-elle ainsi ? Ou de quoi se venge-t-elle ? De l'insuffisance de fermeté ou du manque de disponibilité de sa maman ? Quand les parents ne sanctionnent pas ce type de comportement, n'accordentils pas à leur enfant un pouvoir de manipulation qu'il utilise à son gré ? Pourquoi se gênerait-il !

Comme la maman de Lola, de nombreux parents ne savent plus sur quel pied danser. Ils tentent de colmater les brèches comme ils le peuvent, oscillant entre le « trop » et le « pas assez » : culpabilisés par le peu de temps qu'il leur reste à consacrer à leurs enfants, ils compensent à outrance ce manque dans les rares moments qu'ils peuvent partager ensemble. Et qui les frustrent mutuellement parce qu'ils veulent à tout prix qu'ils soient réussis et parfaits. Ont-ils vraiment le choix ? Une problématique dont on commence, heureusement, à prendre davantage conscience. Elle était pourtant déjà en germe il y a vingt ans.

Momo, l'« enfant adulte »

« C'est lundi, c'est ravioli ! » Tout le monde connaît cette réplique culte, devenue l'emblème du film *La vie est un long fleuve tranquille*. Sorti en salle en 1988, ce premier long métrage d'Étienne Chatiliez a connu un succès phénoménal que le temps ne dément pas. Sans doute parce que, au-delà des qualités de cette comédie drôle et superbement interprétée, il décrit quelque chose d'essentiel aux yeux des parents : la mise en scène de la fragilité d'un lien affectif soumis, qui plus est, à l'influence des secrets de famille. Et, surtout, la caricature de la place donnée à l'enfant, dans le « trop » ou le « pas assez ».

La famille Le Quesnoy appartient à la bourgeoisie catholique bon chic, et surtout très bon genre. Elle vit dans une grande maison entourée d'arbres et mène une vie réglée dans les moindres détails, huilée avec une précision d'horloger de façon que rien ne puisse en troubler l'apparente harmonie. Monsieur Le Quesnoy, un homme calme et pondéré – pour dire vrai un peu coincé –, occupe un poste de directeur à EDF. Une position enviable qui permet à Madame, une épouse parfaite et vertueuse, d'élever leurs quatre enfants dans le respect des valeurs morales et des principes religieux auxquels le couple est passionnément attaché. En dépit de cette lourde charge, cette « femme admirable » trouve le temps de se consacrer aux bonnes œuvres de la paroisse, et de retenir à dîner autant que possible le père Aubergé, devenu un ami de la famille. Tout cela sans jamais se départir de son sourire ni de cet air de fausse légèreté que donne le sentiment du devoir accompli.

Les enfants sont à l'image de leurs parents : parfaits ! Obéissants, respectueux sans même qu'il soit nécessaire d'élever la voix. Seule Bernadette, leur fille aînée, semble parfois en léger décalage avec les idéaux qui fondent la famille.

À l'opposé de la ville et de ce monde bien policé, une autre famille nombreuse. Les Groseille s'entassent dans un HLM minable et sans confort. Madame Groseille, une grosse femme vulgaire et lascive, traîne en déshabillé à longueur de journée. Son époux, blessé lors de la guerre d'Algérie, est « chômeur professionnel ». Le fils aîné est en prison, la grande fille court après les hommes. Quant aux autres enfants, plus jeunes, ils vont à l'école de la rue, multipliant les vols et les petites escroqueries qui permettent à la famille de survivre. Le plus débrouillard d'entre eux, c'est Maurice, dit Momo, douze ans. Il est le véritable chef d'orchestre de trafics en tous genres. D'une certaine façon, il est le « chef de famille ».

Deux familles aussi dissemblables n'auraient *a priori* jamais dû se rencontrer. Mais il y a Josette, l'infirmière à la maternité de la ville… Josette est une amoureuse malmenée et humiliée par son patron, le docteur Mavial, gynécologue accoucheur – un monstre d'égoïsme. C'est aussi une femme frustrée de sa maternité depuis que son amant l'a contrainte à avorter.

Douze ans auparavant, furieuse d'avoir été délaissée le soir de Noël, elle a échangé les bracelets qui identifiaient deux nouveau-nés : Maurice Le Quesnoy est devenu Groseille ; Bernadette Groseille, une fille Le Quesnoy.

À la mort de l'épouse du docteur Mavial, comprenant que celui-ci ne l'épousera jamais, Josette révèle son secret dans une lettre vengeresse adressée à chacune des deux familles, ainsi qu'au docteur.

Pour les époux Le Quesnoy, la nouvelle est une épreuve que Dieu leur envoie. Ils décident d'offrir à Maurice l'éducation qui aurait dû être la sienne. Une belle somme d'argent saura convaincre les parents Groseille de leur « céder » l'enfant.

Celui-ci s'adapte rapidement à sa nouvelle famille, sans pour autant oublier l'ancienne. Peu à peu, il va dérégler la vie des Le Quesnoy, briser le cadre rigide qui emprisonne les enfants, et détruire à petit feu les certitudes des adultes.

La vie est un long fleuve tranquille brosse ainsi le portrait de deux familles diamétralement opposées et d'un couple d'amants qui aurait pu former une famille sans la goujaterie du docteur Mavial. Trois cas de figure qui posent à chaque fois la question de la place de l'enfant et du rôle des adultes.

Les époux Le Quesnoy caricaturent la famille dite « traditionnelle », celle d'avant les années 1970. À son propos, le sociologue François de Singly parle plus volontiers de première étape de la famille moderne, étape se situant du milieu du XVIIIe siècle au milieu du XXe siècle, « caractérisée par une centration progressive sur la famille et sur l'enfant, et par la naissance du sentiment de famille. » Il la décrit ainsi : « La famille, le sentiment de famille sont glorifiés, le père également. [...] La famille est réunie grâce aux soins attentifs de la mère, grâce au salaire du père, grâce à la présence de l'enfant. Elle se célèbre dans l'unité et dans la diversité des places définies selon l'âge et le sexe[1]. »

---

1. DE SINGLY François, *Le soi, le couple et la famille*, Armand Colin, 2005.

Chez les Le Quesnoy, la place et le rôle de chacun des membres de la famille sont clairement définis à l'intérieur d'un cadre rigide. L'éducation des enfants est stricte. Ils n'ont aucune liberté de parole, sont entièrement soumis à l'autorité des adultes, dont la préoccupation principale est de les éduquer selon les normes, de leur transmettre les valeurs morales et les principes auxquels ils croient. Ce n'est pas une démocratie familiale, plutôt une certaine forme de dictature. Les parents s'escriment à tout maîtriser de façon quasi obsessionnelle, l'anarchie étant un ennemi à combattre. Dans ce système formaté, l'affection se tient à distance, les relations sont plaquées, la communication pauvre, teintée d'hypocrisie, y compris au sein de la fratrie elle-même. Cela constitue un paradoxe pour le spectateur : la famille Le Quesnoy semble normale, et donc rassurante, mais on n'en perçoit pas moins avec malaise les angoisses latentes des adultes, et une violence refoulée qui deviendra de plus en plus difficile à contenir chez leurs enfants. En voulant atteindre un idéal de perfection, le couple Le Quesnoy court à l'échec. Les enfants leur échappent à l'arrivée de Momo dans la famille et transgressent un à un les interdits. Les parents ne maîtrisent plus rien et se retrouvent comme des gosses désemparés dont on a brisé les illusions.

À l'inverse, chez les Groseille, les enfants, et particulièrement Maurice, sont placés d'emblée dans l'obligation d'être indépendants. Dans cette famille plutôt infantile, il n'y a ni contraintes, ni règles, ni limites, ni censure. Tout est permis, seule importe la satisfaction immédiate des désirs, comme si chacun vivait encore dans la toute-puissance imaginaire du jeune enfant. La castration, au sens d'instauration de règles et d'interdits, si elle est presque traumatique chez les Le Quesnoy, est inexistante chez les Groseille. Les liens familiaux sont organisés autour de la transgression des interdits les plus élémentaires : on vole, on triche, on ment, on exhibe sa sexualité…

Cette famille hors normes offre un modèle grotesque et repoussant. Pourtant, elle est plus séduisante que la famille Le Quesnoy. Parce qu'il y circule joie de vivre, liberté, authenticité, et une très grande tolérance, ciment de la famille. N'aimerions-nous pas tous vivre cette forme d'anarchie joyeuse, désinvolte et insouciante, qui nous soulagerait des contraintes du quotidien et des angoisses du lendemain ?

Quant au couple du médecin et de l'infirmière, il est la négation de la vie et de l'engagement affectif. Josette et le docteur Mavial n'ont pas d'enfant (tout en aidant les enfants des autres à venir au monde…). Ils sont dans une relation d'adultère et, qui plus est, l'amour n'est pas partagé. En somme, ils sont totalement stériles, biologiquement et affectivement. Rien ne peut nous les rendre sympathiques et, tout bien considéré, on se dit que mieux vaut encore une famille Groseille ou une famille Le Quesnoy que pas de famille du tout !

Momo, dans cette histoire, est l'enfant qui va se construire à partir des deux modèles qui lui sont proposés. Pour cela, il va prendre le temps d'observer et de trouver les failles de l'un et de l'autre avant d'opérer un compromis éducatif : il prend ce qui l'arrange chez les Le Quesnoy comme chez les Groseille. Il est le seul personnage qui ait compris quelque chose à la vie parce qu'il compose avec le réel, sans être dans l'illusion du « tout est possible » de la famille Groseille et du « rien n'est possible » des Le Quesnoy. C'est lui, également, qui révèle le secret de sa naissance à sa « jumelle » Bernadette, tandis que, sous le prétexte de la protéger, les parents Le Quesnoy craignent d'affronter une vérité qui risque de faire entrer le désordre dans leur vie.

Momo sert également de médiateur entre les deux familles. Il va introduire la mixité sociale en favorisant l'émergence de liens entre les enfants et en permettant aux jeunes Le Quesnoy de s'autoriser à transgresser les règles imposées par leurs parents.

Momo est l'enfant qui sait tout mieux que les adultes. Face à lui, les grandes personnes paraissent terriblement infantiles. Le père Groseille est psychiquement absent et n'assume aucune autorité, tout entier absorbé par ses jeux de cartes : « J'arriverai jamais à faire une famille », lâche-t-il, dépité, après avoir perdu au jeu des sept familles (un aveu ô combien symbolique !). Le père Le Quesnoy se révèle rapidement incapable de faire face aux exigences croissantes de ses enfants. Quant aux mères, elles usent toutes deux de séduction pour « retenir » Momo : l'une, pour qu'il réalise le moindre de ses souhaits ; l'autre, parce que ce stratagème lui permet de cultiver son image de « bonne mère », flattée qui plus est par l'amour œdipien que Momo éprouve un temps pour elle.

À l'époque de la sortie du film, la question de l'épanouissement de l'enfant était déjà centrale. La tendance, tout comme aujourd'hui, était de « débrider » les relations de façon à ne pas brimer l'enfant. Car les brimades sont, croyait-on, une entrave à son épanouissement. Avec le risque qu'il s'empare effectivement du pouvoir. C'est là qu'est apparue une certaine peur : l'anarchie de la famille Groseille, même si elle a quelque chose de sympathique, inquiète parce que rien n'y est géré ni construit. Lorsque Momo « libère » les jeunes Le Quesnoy de leur carcan, on craint qu'ils ne deviennent à leur tour des Groseille. Le film caricature à sa façon leur « libération » du cadre rigide dans lequel ils étaient enfermés, à l'instar de la génération précédente, en mai 1968.

Sur l'écran, Momo tire plutôt des avantages à occuper la place de l'adulte. Mais dans la vie réelle, c'est rarement le cas...

29

Régis, l'enfant tyrannique

Régis, sept ans et demi, est amené à ma consultation par sa mère. C'est un beau garçon qui, par sa taille, paraît plus que son âge. Il semble être venu là à contrecœur. À la suite de sa mère, il entre dans mon bureau en traînant les pieds. De toute évidence, il est assez mal disposé à me rencontrer !

Il vient pour un problème de comportement : il se montre violent dès que ses parents résistent à l'une de ses innombrables exigences et refusent un exercice qu'il affectionne, à savoir d'interminables négociations à propos des obligations quotidiennes. À l'école également, il manifeste une certaine agressivité vis-à-vis des autres enfants qui, de ce fait, ne veulent pas l'intégrer dans leurs jeux. Ce dont Régis se plaint en permanence.

D'une voix où perce une grande lassitude, sa mère se dit très affectée par ces perpétuels conflits, qui rendent l'atmosphère familiale irrespirable et dont souffre le petit frère de trois ans, que Régis frappe souvent lorsqu'il est en crise.

« Quand Régis commande et obtient ce qu'il veut, tout va bien. Mais lui n'accepte aucune contrainte ou règle, qu'il n'a de cesse de transgresser », précise-t-elle avec un soupir de découragement. Et, comme pour amadouer son fils qui, vautré sur le divan de mon bureau, commence à montrer des signes d'impatience, elle ajoute timidement à son adresse : « Il peut aussi se montrer tendre et gentil, parfois… »

Je me dis que cette maman utilise le stratagème de la séduction pour déjouer les réactions prévisibles de son fils, qu'elle craint plus que tout.

Elle tente à ce moment-là, avec précaution, de l'encourager à mieux se tenir. Mais Régis n'en a cure. Devant son refus obstiné, et la résignation de sa mère, qui n'insiste pas, je décide d'intervenir et impose à ce garçon un comportement plus correct pendant que sa mère m'explique ce qui les amène et qui le concerne, lui, directement. Il obtempère aussitôt. Je lui propose de dessiner pendant que sa maman poursuit.

Elle reprend sur le souvenir que « Bébé, Régis faisait de fréquentes colères. Il avait déjà un côté petit tyran qui me dépassait ». Elle ajoute : « Je pensais que l'harmonie viendrait du fait de lui céder, de me montrer indulgente. Car pour moi, harmonie et douceur vont de pair. »

Les parents de Régis sont tous deux musiciens et, entre les répétitions et les tournées de son orchestre, le père s'absente souvent pour des périodes plus ou moins longues. « À chacun de ses retours, il gâte énormément ses fils », ajoute-t-elle sur un ton réprobateur.

Régis s'agite sur sa chaise et semble vouloir intervenir. Je l'interroge du regard… Il lance alors sur un ton désabusé : « Je reçois trop de cadeaux, et je ne m'en sers même pas ! » Il renchérit, tout en fixant sa mère : « Mes parents ne sont pas assez sévères avec moi. Je voudrais qu'ils arrêtent, et que je devienne un enfant comme les autres ! » Comme surpris par l'audace de ses propos, il baisse les yeux devant sa mère, littéralement médusée par le jugement inattendu et sans concession qu'il vient de porter sur elle et son mari.

Saisissant cette opportunité qui me laisse à penser qu'il souhaite peut-être en dire plus à ce sujet, je pressens qu'il vaut mieux que cela se passe en dehors de la présence de sa mère. Je demande à Régis s'il aimerait me voir seul à seule. Il acquiesce à ma proposition avec un soulagement manifeste. Sa maman retourne dans la salle d'attente.

Je reprends sur un mode empathique : « Si j'ai bien compris tes paroles, tu aimerais que tes parents soient plus sévères avec toi… plus forts que toi, en quelque sorte ? » Il confirme : « Cela ne me plaît pas d'être plus fort qu'eux. C'est à eux de décider, pas à moi ! »

Ainsi il est clair que Régis attend de ses parents qu'ils prennent une position éducative différente de l'attitude laxiste qui préside à leurs rapports habituels, et dont le moins qu'on puisse dire est qu'elle ne l'aide pas à se construire… C'est donc lui qui, à ce moment-là, inverse les rôles et endosse celui d'éducateur de ses propres parents ! Avec une acuité peu commune à cet âge, il redéfinit la place de chacun dans sa famille. De toute évidence, il n'est pas dupe du fait que ses parents cherchent à s'assurer son amour, à l'amadouer en le laissant au bout du compte faire à peu près ce qu'il veut ! Mais voilà, ce n'est pas ce qu'il attend d'eux… Car leur attitude, loin de le combler, a au contraire pour effet de l'insécuriser : s'il se sent plus fort qu'eux, les adultes, qui pourra alors le protéger lui, l'enfant ?

Sur ce point, il ressent que ses parents sont eux-mêmes en difficulté face à la tâche éducative qui leur incombe, alors même qu'il leur demande de se comporter en parents suffisamment fermes, de façon à lui imposer des limites qu'il ne puisse négocier à sa guise ! C'est exactement ce que Françoise Dolto a appelé « donner la castration », acte indispensable selon elle à tout projet éducatif. La castration est globalement équivalente à la « frustration ». Tout enfant doit avoir à s'y confronter au long de son développement pour se construire et grandir.

À mon sens, Régis attend, espère et cherche autre chose. Il est en quête d'une fermeté rassurante, car plus apte à lui résister, à le contenir, et il rejette une instance paternelle laxiste, au final peu rassurante.

De fait, une fois de retour dans mon bureau, sa maman révélera que son mari, selon ses propres mots, « n'est pas fiable et plutôt flou » en ce qui concerne les limites qu'il oppose aux comportements de ses enfants, lorsque, dans le meilleur des cas, il y parvient. Car en général, il fuit les conflits et se comporte « en lâche » avec son fils... « Tout comme moi, qui suis dans l'évitement de toute confrontation avec Régis », confie-t-elle, lucide sur ses propres faiblesses... « Indécis, influençable, mon mari n'a lui-même jamais reçu un cadre éducatif suffisamment clair dans son enfance. De ce fait, il agit en quelque sorte comme s'il était lui-même un enfant. » Elle soupire, puis fait l'honnête constat qu'ils ont tous deux « peur » du pouvoir que leur garçon exerce sur eux !

Pendant que sa mère évoque ainsi le contexte familial, sur ma proposition Régis exécute un dessin qu'il interprète ainsi : « Un navire qui serait en train de couler, avec à chaque extrémité un adulte en train de crier. Celui qui est à l'arrière crie : "à moi", et celui qui est déjà à moitié dans l'eau, en train de se noyer, crie : "à l'aide". Au centre du navire, entre deux cheminées rouges qui crachent une fumée noire, deux enfants crient au secours. »

Au premier plan, face au bateau à demi immergé, flotte une petite barque avec à son bord un personnage de dos, qui tient la barre. Je ne peux m'empêcher de penser que Régis exprime là une

32

vision bien pessimiste de sa famille s'enfonçant dans les flots... Les appels au secours, inscrits dans des bulles, sont sans doute destinés au personnage de la barque, qui semble être témoin de la scène : sans doute la psychanalyste à laquelle ce dessin est destiné, et dont il espère l'aide...

Un trop-plein d'amour ?

Régis aurait pu être ce petit garçon dont le psychothérapeute Milton Erickson décrit ainsi le désarroi : « Il y a une nécessité pour l'enfant de vivre dans un monde où il ait la certitude de trouver plus fort que lui. Jusque-là, avec un désespoir toujours plus grand, [il] avait apporté la preuve que le monde était un endroit où régnait l'insécurité : la seule personne forte que l'on y trouve, c'était lui, petit garçon de huit ans. »

Pourquoi certains parents ne parviennent-ils pas à occuper leur place ? Serait-ce, tout simplement, parce qu'elle n'est pas évidente, comme cachée derrière un paravent d'illusions ? Nous avons tous le modèle imaginaire de la famille idéale avec, comme la maman de Régis, pour impératif qu'elle soit un cocon d'amour et d'harmonie capable de repousser à l'extérieur de ses frontières toute éventualité de conflit. Cette famille idéale s'oppose ainsi à la norme de la famille à l'ancienne, définie par le pouvoir discrétionnaire des parents sur leurs enfants. En réaction à ce modèle, vécu comme psychorigide, que caricature le couple autoritariste Le Quesnoy lorsqu'il s'acharne à donner une image lisse et maîtrisée du rôle de parent, on s'efforce de créer pour nos enfants un univers familial exempt de tensions et de brimades. Un havre de paix, un paradis... Nous sommes en plein mythe de l'« amour à tout prix », d'un bonheur qui repose essentiellement sur l'enfant, porteur d'espoirs démesurés.

Dans ce petit paradis familial, l'amour se doit d'être réciproque : « Il est tout pour moi, et je suis tout pour lui », affirment certains parents. Cet enfant, si « désiré », dont en fait on a tout simplement « décidé » de la venue grâce aux moyens de contraception (ou qui a été intensément espéré au long du parcours éprouvant de la procréation médicalement assistée), est surinvesti affectivement. Les parents sont alors dans l'illusion que l'amour intense qu'ils ont éprouvé pour lui avant même sa naissance doit être partagé par celui-ci. Or il peut se sentir comme pris au piège par cette obligation d'amour. Tout enfant étant « programmé » pour s'autonomiser, c'est-à-dire prendre progressivement de la distance vis-à-vis de ses parents, il se trouve face à une alternative : soit il accepte de se laisser étouffer par cet amour qui contrarie son désir d'indépendance (il devient alors l'« objet » comblant de ses parents), soit il y résiste du mieux qu'il le peut, jusqu'à le rejeter en bloc dès qu'il a les moyens d'agir, le plus souvent à l'adolescence.

Il faut souligner, en outre, combien il est malsain et trop lourd à porter d'être le « tout » de quelqu'un. C'est imposer à l'enfant une mission impossible, qui comporte également le risque qu'on lui en demande toujours plus, jusqu'à aliéner sa personne et ses propres désirs. Il n'existe plus en tant qu'individu. À l'opposé, seul le « manque », qui est justement induit par une certaine frustration de tous les partenaires (« je ne suis pas tout pour toi, et tu n'es pas tout pour moi »), donne à l'enfant l'espace dont il a besoin pour se construire un Moi authentique.

Or ce qui se passe de nos jours dans de nombreuses familles où les relations parents-enfants se fondent sur la négociation des contraintes – donc des frustrations – rend bien difficile, voire impossible, l'instauration de règles et de limites. D'une façon générale, il est plus simple pour les parents de combler leur enfant et d'avoir avec lui une relation lisse et sans conflit que de représenter la loi. C'est une situation-piège dont il n'est pas facile de sortir et dont les effets délétères se font vite sentir : les parents croient faire « pour le mieux », mais l'enfant se charge de leur ôter leurs illusions par ses symptômes, ses troubles du comportement qui mettent l'harmonie familiale en péril et les parents en difficulté. Du coup, ceux-ci ont l'impression qu'élever un enfant est devenu une tâche presque insurmontable tant il y a de situations à éviter. Pour sortir de l'impasse, ils cherchent des solutions dans les livres, dans les magazines, adoptent des modes de faire qui ne leur conviennent pas forcément : chaque famille est singulière, la « recette » qui conviendra à l'une sera sans effet sur l'autre. En agissant ainsi, ils compliquent davantage les choses les plus banales de la vie quotidienne. Le choix d'un jouet, par exemple, ne répond plus au seul critère du plaisir apporté à l'enfant. Il faut qu'il soit aussi « éducatif », stimule les compétences toutes neuves de l'enfant telles qu'elles sont décrites, âge par âge, dans les livres. Et si, par malheur, le tout-petit n'accomplit pas la prouesse promise, c'est l'angoisse... Comme si les parents ne pouvaient ni envisager ni accepter la singularité et l'aléatoire du développement de leur enfant.

L'histoire de Lisa et de sa maman illustre parfaitement le piège que constitue l'obligation d'amour à tout prix. Je reçois un jour l'appel d'une jeune femme qui souhaite me rencontrer pour me parler de Lisa, sa fille unique âgée de quatre ans, dont le comportement l'inquiète depuis quelque temps déjà. Le papa étant opposé à ce que sa fille consulte un spécialiste, la maman s'est résolue à venir seule à ma consultation.

D'emblée, elle évoque le motif de notre entrevue. Elle est de plus en plus déroutée par les réactions imprévisibles de sa fillette et me rapporte la dernière scène qui a motivé sa décision de prendre mon avis : « Il y a quelques jours, alors que nous étions toutes les deux dans une rame de métro, Lisa a fait tomber un morceau de pâte à modeler qu'elle avait emporté avec elle. Quelqu'un l'ayant involontairement écrasé en marchant dessus, je lui ai conseillé de ne pas le ramasser, lui expliquant qu'il était irrécupérable car trop sale pour être réutilisé, d'autant qu'elle en avait en quantité à la maison.

«Lisa a très mal réagi et s'est aussitôt mise à hurler de manière totalement démesurée, au point que, impuissante à la calmer, j'ai dû la forcer à descendre du wagon à la station suivante. Sur le quai, elle a continué à se débattre, s'opposant violemment à moi et ameutant tous les gens témoins de la scène. Il a fallu que je me résigne à l'empoigner de force pour sortir du métro… Une véritable épreuve pour nous deux, car lorsqu'elle se met dans cet état, aucune parole ne peut l'atteindre et je me sens totalement impuissante à la convaincre ! »

La maman poursuit sur le fait que ce type de réaction est très fréquent chez Lisa, qui ne supporte pas le moindre refus à ses désirs.

«À la maison, elle me monopolise sans répit et, si j'essaie de m'y soustraire, elle réagit si violemment que je n'ai pas d'autre alternative que de me plier à sa volonté. Et cela au point de me sentir culpabilisée si je me plonge furtivement dans un livre pendant qu'elle semble concentrée dans une activité. Elle ne le supporte pas et me sollicite aussitôt. Je n'ai pas d'autre choix, si je veux éviter le clash, que de me soumettre à sa volonté et de participer à son jeu. Je finis par me demander s'il est anormal de lire en sa présence ! »

En écoutant le récit de cette jeune femme, je relève les termes qu'elle emploie à plusieurs reprises : « désir », « autorité », « volonté » se réfèrent exclusivement à Lisa, comme si ses parents en étaient désormais dépourvus ! J'en fais part à la maman qui, perplexe, conforte mon impression par ces mots : « J'ai souvent la conviction qu'elle est plus déterminée que nous et nous domine… » Car, précise-t-elle, le papa est lui aussi exposé aux crises de Lisa et cède à sa fille encore plus rapidement.

Ainsi, il n'est évidemment pas question d'autorité paternelle, d'autant que son compagnon, encore très proche de sa propre mère, quitte souvent – et pour quelques jours – sa petite famille pour se réfugier dans le giron maternel !

Cette jeune maman, quant à elle, justifie sa position vis-à-vis de sa fille par le fait que sa propre mère était une femme peu maternelle, comme dépourvue d'affects à tous égards. Elle laissait rituellement son mari et sa fille sortir sans elle pour protéger son espace de liberté. « Petite, je me demandais toujours ce qu'elle faisait pendant que nous étions ensemble mon père et moi. » Elle se souvient qu'adolescente elle avait un jour demandé à sa mère la raison pour laquelle elle avait voulu un enfant. Cette dernière lui avait répondu sans hésitation qu'elle ne concevait pas « l'idée de famille sans la présence d'un enfant », comme si cela n'était pour elle qu'une simple question de convenance sociale ! « Du reste, ajoute-t-elle, ma mère n'a pas davantage investi sa petite-fille, qu'elle voit très rarement, ce qui a eu pour effet de me convaincre que je devais aussi combler le manque de grand-mère pour Lisa. Une grand-mère improbable sur l'affection de laquelle, tout comme moi enfant, elle ne peut pas compter ». Elle précise : « D'ailleurs, je m'en doutais, car dès que j'ai été enceinte, j'ai décidé que je me comporterais différemment avec mon bébé, pour lequel je me rendrais totalement disponible. Et que je ne laisserais pas son père occuper tout le terrain, comme cela a été le cas pour mon père vis-à-vis de moi. »

Ainsi, le fait que le père de Lisa soit si souvent absent pour sa fille conforte la maman dans ce rôle irremplaçable qu'elle s'est attribué. Son choix amoureux lui-même, d'un homme encore très dépendant de sa mère, a sans doute contribué à l'idée qu'elle serait la seule à pouvoir prendre en charge son enfant. Ne comble-t-elle pas du même coup la petite fille en elle, frustrée depuis toujours de cet amour maternel inaccessible ?

Une fois ces constats posés sur l'histoire familiale, restait la problématique relationnelle non résolue de Lisa à ses parents, et les solutions envisageables pour l'aider à changer de comportement. Cela ne pouvait pas se concevoir, selon mon expérience, sans aider cette maman à prendre conscience de sa propre implication dans les exigences de sa fille, et de la peur qu'elle ressentait à devoir la frustrer, avec la crainte de ne plus en être aimée. Une association s'impose alors à moi, que je livre à mon interlocutrice : « Ne craignez-vous pas par-dessus tout que Lisa n'interprète le moindre refus de votre part comme un rejet affectif, celui-là même qui vous a tant fait souffrir enfant ? » Ma question semble l'émouvoir au point qu'elle peine à dire dans un murmure : « Moi, ma mère ne m'a jamais aimée… » J'avais soudain devant moi une petite fille désespérée, sans armes ni défenses pour affronter son rôle de mère ! Car jusque-là, sans modèle adéquat, elle avait dû tout inventer… Il m'incombait de l'accompagner dans ce parcours dont elle n'avait pas le code, c'est-à-dire celui qui mène à un rôle de mère bien assumé, délivré du poids de sa souffrance d'enfant.

Ma priorité consistait à lui faire admettre qu'aimer sa fille exigeait en premier lieu qu'elle se débarrasse de la culpabilité qui freinait toutes ses tentatives d'imposer des règles à Lisa. D'ailleurs, n'y était-elle pas déjà parvenue, acculée à devoir lui imposer sa volonté dans le métro ? Il lui fallait désormais persévérer dans ce sens, sans lâcher sur l'essentiel, à savoir qu'elle devait se montrer plus déterminée que sa fille, plus forte qu'elle, ce qui aurait pour résultat de resituer les rôles de chacune. Sans oublier le père qu'il fallait convaincre de la nécessité de coopérer pour l'équilibre présent et futur de sa fille ; le mobiliser pour qu'il assume enfin son rôle à lui, de père et d'éducateur, tout en veillant à lui accorder une place suffisante, cette place de « tiers » nécessaire pour mettre fin à la fusion de la relation mère/fille et permettre à cette dernière de s'autonomiser progressivement.

J'étais prête à recevoir le père seul ou avec sa compagne, selon leur préférence, ce qui devait se décider entre eux et d'un commun accord. Et, comme il est écrit dans les contes : il en fut ainsi... Bien que longues et difficiles, quelques séances firent prendre conscience aux parents de leurs erreurs éducatives et de la nécessité qu'il y avait à ajuster mutuellement leur comportement face aux exigences démesurées de leur fille.

Il serait honnête de reconnaître qu'en s'opposant initialement à cette consultation, le père de Lisa avait sans doute eu l'intuition que les plus concernés, c'étaient eux, les parents. La fillette les désignait à travers ses symptômes, comme c'est souvent le cas dans le dysfonctionnement d'un enfant.

Je n'ai jamais rencontré cette petite fille, mais j'ai pu suivre ses progrès grâce à sa maman, qui a souhaité faire une psychothérapie avec moi pour régler les problèmes récurrents liés à sa propre enfance. Et, ainsi, en libérer Lisa pour qu'elle n'en subisse plus les conséquences indirectes. Un jour que nous évoquions leur relation désormais plus sereine, elle m'expliqua avoir compris quelque chose d'essentiel : « Je dois ne pas avoir peur d'être naturelle, sans chercher à cacher ce que je ressens, surtout dans les moments de conflit. Finalement, il n'y a rien de pire que de donner à son enfant une fausse image de soi, parce qu'il n'y croit pas. L'essentiel est que je reste *réelle* à ses yeux. »

L'ambiguïté affective

Placé dans la fausse position du petit adulte, que peut espérer l'enfant à grandir ? Que peut-il gagner également à être mis d'emblée au centre de la famille comme un roi dont on n'exige jamais rien ? Si ce n'est d'en conclure qu'il « ne sert à rien ». Ou, tout du moins, à n'être rien d'autre que l'« objet fétiche » de ses parents. Une position contre laquelle, à un moment donné, il se révolte.

Lors d'une séance, Régis évoque sans détour ce qui semble particulièrement le contrarier, et qui concerne le comportement spécifique de son père à son égard : « Papa me parle tout le temps des articles qui disent du bien de lui dans les journaux ; il m'appelle sans arrêt pour me raconter tout ça, même quand il voit que je suis occupé. On dirait qu'il se fait mousser… Mais jamais il ne m'écoute, moi, quand j'ai besoin de lui pour m'expliquer quelque chose ou pour jouer avec moi. C'est comme si je ne l'intéressais pas ! Il dit que c'est aux enfants de faire des efforts, et pas aux parents. »

De toute évidence, l'attitude inadaptée de son papa rend celui-ci bien peu crédible aux yeux de son enfant. Et, après tout, Régis ne prend-il pas modèle sur lui lorsqu'il ne veut faire que ce qui lui plaît ?

La maman confirmera cette version de la relation du père à son fils : « Il ne respecte pas ce que Régis est en train de faire et lui demande une disponibilité totale, selon son bon plaisir. J'ai beau lui en faire la remarque, il ne sait pas s'adapter à ses enfants. Il casse leur rythme, comme s'il était lui-même un enfant incapable de maîtriser ses caprices. »

Il est fréquent de voir des adultes considérer l'enfant comme un interlocuteur privilégié, comme le confident de leurs peines et de leurs joies, sans tenir compte de son degré de maturité. Pour son père, Régis était un enfant-objet ou, comme l'a écrit la sociologue Christine Castelain-Meunier, « un partenaire de paille[1] », qu'il interpelle au gré de ses besoins. Un enfant « pour soi », sans respect de sa condition infantile. À l'image des publicités télévisées qui l'ont pris pour modèle, il s'apparente de plus en plus, dans

---

1. Castelain-Meunier Christine, *Pères, mères, enfants*, Flammarion, 1998.

notre société actuelle, à un « bien de consommation ». Tout est prévu pour lui sur le plan matériel, puisqu'il faut le nourrir, le vêtir, l'entourer de jouets pour l'occuper, en fonction de critères et de normes précis. Mais il est rare que son besoin d'écoute et d'attention soit réellement respecté, par manque de disponibilité, certes, mais pas seulement... Ne ressemble-t-il pas, dans la façon dont il est traité par ses parents, au Tamagoshi, ce jouet à la mode investi avec passion dans les cours de récréation ? Christine Castelain-Meunier ne mâche pas ses mots lorsqu'elle compare l'enfant à une sorte de « prothèse identitaire », idéalisée, selon moi, sans que l'on tienne compte de ses besoins fondamentaux, ceux qui l'inscrivent dans la société en tant que sujet digne de respect.

Nous sommes dans l'illusion de ce qu'est un enfant. D'une façon générale, à force de projeter sur lui leurs idéaux, les parents ne le voient pas – ou refusent de le voir – dans sa réalité. Ils sont comme focalisés sur l'image d'un enfant en tout point parfait, se référant en cela à la conformité anatomique *in utero*, que confirme l'échographie pendant la gestation. La science, garante de la normalité, ayant éliminé au maximum les avatars de la grossesse, a donné le ton et encouragé la tendance générale des parents à poursuivre une telle chimère. Du bébé parfait, totalement rassurant (c'est-à-dire sans défaut, ouf !), il n'y a qu'un pas à franchir pour le projeter séance tenante dans un avenir sans nuages où il ne sera que satisfaction et gratification.

L'enfant idéal, c'est celui avec lequel les relations sont lisses et sans conflits. En les valorisant, il comble le narcissisme de ses parents. Mais qu'on ne s'y trompe pas : très vite, par ses comportements, il se charge de démentir ces fantasmes. Du moins, lorsqu'il n'est pas entravé dans son évolution par une soumission totale à leurs désirs en leur offrant un « faux moi » parfaitement artificiel, et souvent bien

41

fragile! Pour la maman de Lisa, le conte de fées a viré au cauchemar. Quant à Régis, il a été contraint de mettre le paquet en étant odieux pour exister, enfin.

Finalement, les parents n'auraient-ils pas peur de ne plus aimer l'enfant tel qu'il est dans la réalité? Cette crainte est plus profonde encore que celle de perdre son amour. Ils ont peur de l'enfant réel, qui ne correspond pas à l'image idéale qu'ils se sont forgée, comme s'ils n'avaient jamais pu franchir l'étape du bébé rêvé pendant la grossesse à celui, de chair et de sang, auquel ils ont donné naissance. « Le père comme la mère ont à rêver l'enfant pour qu'il advienne, mais ils ont aussi à renoncer à ce que l'enfant à naître ne soit qu'une pure projection de leur idéal. Sinon, l'enfant reste prisonnier de ces projections parentales qui l'enferment dans un destin aliéné aux vœux parentaux mortifères. Comme disait Khalil Gibran, "les parents sont l'arc et l'enfant la flèche de la vie". La vie de l'enfant échappe à ceux qui l'ont ainsi lancé[1] », note le professeur de psychologie François Marty. J'en veux pour preuve ces appels à l'aide de parents de très jeunes enfants, d'à peine trois ans, « parents dépassés » qui expriment ainsi leurs angoisses : « Je ne sais plus comment m'en sortir avec lui (ou elle), je n'ai pas le mode d'emploi. » Parfois, le constat est encore plus inquiétant : « Mon enfant me fait peur. Face à lui, je ne sais pas quelle attitude avoir. »

On doit se demander pour quelle raison certains parents restent ainsi figés à cette étape de l'enfant imaginaire. Sans doute les exigences de la société, avec ses impératifs de réussite, ses injonctions relatives à l'éducation du jeune enfant, son propre regard sur le développement de celui-ci, n'y sont-elles pas étrangères. En 2005, un rapport de l'Inserm sur « les troubles de la conduite chez l'enfant et chez l'ado-

---

1. *Le Carnet psy*, n° 81, mai 2003.

lescent » en a été le point d'orgue. Il préconisait, au titre de la prévention de la délinquance, le repérage des premiers symptômes « déviants » auprès des tout-petits, décrits comme tels : agressivité, colères répétées, indocilité, faible contrôle émotionnel, impulsivité, indice de moralité bas. Les « coupables » ainsi dépistés, après avoir subi une batterie de tests destinés à affiner le diagnostic, auraient reçu un traitement médical. On assistait là à une tentative de formatage des comportements de l'enfant, sans qu'il soit tenu compte de son développement psychique. Cette expertise fut d'autant plus contestée par un grand nombre de professionnels de l'enfance et de parents, qu'elle inspirait un projet de loi prévoyant notamment la création d'un « carnet de comportement » dès l'âge de trois ans. Projet heureusement retiré, mais qui n'en reste pas moins dans l'air du temps...

Ainsi, dès l'entrée de leur enfant à la maternelle, les parents auraient été confrontés à la dictature d'une normalité sociale arbitraire, définie par des chercheurs et répondant à des critères cliniques précis. Une telle démarche n'est-elle pas révélatrice d'une société qui a peur de ses enfants ? Il est clair que cela influence les parents, inquiets et fortement culpabilisés lorsque leur enfant ne s'avère pas conforme aux normes en vigueur. Comme s'il n'y avait qu'une seule façon acceptable d'être un enfant ! Et un modèle unique d'éducation !

Rien n'est jamais joué à l'avance. Tous les enfants, parce qu'ils sont en devenir, possèdent en eux les moyens de progresser. Ainsi Momo, comme un petit lutin créatif, fait preuve d'une belle capacité à se couler dans un modèle familial puis dans l'autre. Dans cet aller-retour entre les deux familles, il nous montre combien il est toujours possible d'aménager la réalité. À lui seul, il réalise un compromis entre deux styles de vie et d'éducation, s'adaptant à chacun à tour de rôle et s'en appropriant à chaque fois les aspects positifs. Il ne boude pas la sécurité et les privilèges apportés par la famille bourgeoise, mais sans rien renier de son passé de liberté et de débrouille. De même, il s'arrange pour apporter à chacune des familles les changements nécessaires : il redistribue les biens entre elles de façon à en faire profiter la plus défavorisée, et il délivre les enfants Le Quesnoy des préjugés et exigences normatives dans lesquels ils sont enfermés.

Ce compromis est illustré dans deux scènes similaires, à la fin du film : on le voit, alors qu'il se rend chez les Groseille pour dîner, s'arrêter devant la glace d'un magasin et prendre le temps de se décoiffer savamment, de mettre un peu de désordre dans ses vêtements, histoire de ne pas dénoter dans ce milieu « populaire » ; quelques heures plus tard, avant de rentrer chez les Le Quesnoy, il effectue l'opération inverse, remettant de l'ordre dans sa chevelure et ses habits, de façon à se donner une apparence conforme au style bourgeois. Et, lorsqu'un policier lui demande ce qu'il fait seul dans la rue, si tard le soir, il répond comme un petit garçon qui accepte cette instance de la loi et sait qu'il est de son intérêt de s'adapter à la société, de rentrer dans la norme lorsque cela est nécessaire. Sans pour autant renoncer à ce qu'il est ni à ce qu'il a vécu.

Momo n'est pas dupe. Il s'arrange pour ne choquer personne, ne trahir aucune des deux familles dont il conserve les codes spécifiques. Le message véhiculé dans ces deux scènes complémentaires est clair : tout enfant a les moyens de s'adapter à son environnement et de s'approprier ce qui lui convient le mieux dans des situations parfois diamétralement opposées.

Les enfants ont en eux la capacité naturelle d'évoluer. Ils sont dans la dynamique d'un « allant devenant », selon l'expression de Françoise Dolto. C'est le rôle des adultes de leur offrir l'opportunité de progresser, sans avoir peur de certaines de leurs dérives, mais en pariant sur cette possibilité d'évolution. Et sans se laisser piéger par les exigences d'une société dont les parents sont le prolongement, « l'exécutif » en quelque sorte.

Ce qui nous manque aujourd'hui, c'est la confiance : confiance des parents en leur propre intuition ; confiance en l'enfant et en son intelligence intuitive, qui lui permet de tirer son épingle du jeu... Si les circonstances le lui permettent et si on croit en lui ! Dans sa préface à *Pas de 0 de conduite pour les enfants de 3 ans !*, le généticien et écrivain Albert Jacquard a écrit : « N'oublions pas qu'un être humain est en perpétuel devenir ; l'enfermer dans une définition, qu'elle soit formulée à l'école maternelle ou plus tard, c'est trahir sa liberté de devenir celui qu'il choisit d'être[1]. »

---

1. *Pas de 0 de conduite pour les enfants de 3 ans !*, collectif de professionnels de la santé et de l'enfance opposés aux conclusions de l'expertise de l'Inserm, Érès, 2006.

2

Peur de mal faire ?

Il était une fois un pauvre menuisier du nom de Gepetto, qui rêvait d'avoir un fils. Dans un morceau de bois, « une simple bûche », il sculpta une marionnette à laquelle il donna le nom de Pinocchio. « Ce nom lui portera bonheur », se dit-il. Mais, à peine créé, le pantin anéantit ses illusions : il multiplie les bêtises, se comporte comme un sale gosse mal élevé, ingrat et cruel. Pauvre Gepetto, le voilà bien vite dépassé par celui dont il attendait tant de félicité ! « Ces manières insolentes avaient rendu triste Gepetto, comme jamais il ne l'avait été de toute sa vie. Il se tourna vers Pinocchio et lui dit : "Bougre de gamin ! Tu n'es même pas fini que tu manques déjà de respect à ton vieux père ! C'est mal, mon garçon, c'est mal !" Et il sécha une larme […]. Et dire que je me suis donné toute cette peine pour fabriquer une marionnette bien comme il faut ! Tout reste à faire ! J'aurais dû y penser plus tôt[1] ! »

Parce que la naissance d'un enfant est l'un des événements majeurs de la vie d'un individu, elle s'accompagne d'espoirs et de fantasmes et expose, de ce fait, au risque d'éprouver les mêmes désillusions que Gepetto. Il y a

---

1. COLLODI Carlo, *Les Aventures de Pinocchio*, traduit par Claude Sartinaro, Maxi poche Jeunesse, 2006. Les citations renvoient à cette édition.

l'enfant imaginaire, qui a été désiré – programmé souvent –, paré de toutes les qualités et porteur d'une promesse de bonheur sans pareil. Et puis il y a l'enfant réel, souvent bien différent, qui crie, se réveille la nuit, exprime des besoins difficiles à comprendre et dont il faut, surtout, assurer la survie, l'éducation et l'avenir en commettant le moins possible d'erreurs. Une lourde responsabilité qui, forcément, s'accompagne d'angoisses et d'inquiétudes venant quelque peu atténuer la joie d'accueillir un enfant. Mais après tout, ce passage de l'enfant imaginaire à l'enfant réel n'est-il pas une étape naturelle qui permet aux parents et à leur tout-petit de s'adapter les uns aux autres ?

Sauf qu'elle semble de plus en plus difficile à franchir… Parmi les jeunes parents qui viennent consulter pour leur enfant, beaucoup sont dans l'incapacité de renoncer aux fantasmes de l'enfant idéal. L'enfant bien réel qui les accompagne en est presque devenu invisible, masqué par les fantasmes de ses parents. Le symptôme le plus évident de cette sorte de paralysie est la peur de mal faire, équivalente à « faire du mal ». C'est un phénomène récent en constante augmentation.

Comment l'expliquer ? Ces parents terrorisés par la crainte d'« abîmer » leur tout-petit ont un point commun : ils manquent de repères sur lesquels s'appuyer pour, progressivement, investir leur rôle. Tout a tellement changé depuis l'époque où ils étaient eux-mêmes enfants ! Les progrès accomplis dans la connaissance des compétences du bébé ont notamment modifié la perception que nous en avons et la façon dont il faut assurer son développement. On sait, par exemple, que le nouveau-né reconnaît la voix de sa mère et de son père à la naissance, qu'il en perçoit le moindre changement d'état d'humeur, et qu'il est d'emblée équipé pour établir avec son entourage des liens relationnels et affectifs influant sur son devenir. Les jeunes parents sont ainsi les bénéficiaires des observations et des études réalisées sur les compétences précoces de leurs enfants, sans pour autant savoir qu'en faire, puisqu'ils ne peuvent s'appuyer sur l'expérience de leurs propres parents, trop différente. En quête d'un savoir-faire capable de les tirer de cet angoissant embarras, ils se réfèrent aux « modes d'emploi » prédigérés que leur proposent des spécialistes. Mais ce qui convient aux uns ne convient pas forcément aux autres, puisque chaque enfant, chaque parent, est unique... En fin de compte, ces recettes toutes faites accentuent encore chez les parents un sentiment d'incompétence générateur de peur et de honte.

Ce manque sidéral de repères n'est sans doute pas la seule explication au malaise actuel. Lorsqu'on devient parent, on est immanquablement projeté en arrière, au temps de sa propre enfance et des relations qu'on entretenait avec sa famille. Les éventuels problèmes non résolus resurgissent avec une intensité d'autant plus grande qu'il s'agit alors d'en prendre conscience pour éviter de reproduire les mêmes erreurs !

Comprendre ce qui se répète

Paradoxalement, la peur de mal faire peut précipiter les parents, à leur insu, dans la répétition de ce qu'ils ont vécu enfant. Et c'est bien ce qui arrive à cette maman dont la toute petite fille entre un jour dans mon bureau accrochée à sa main.

Armelle, vingt-deux mois, est amenée en consultation sur les conseils de la psychanalyste qui suit sa maman depuis quatre ans. Cette jeune femme fait état d'une relation à la fois fusionnelle et conflictuelle avec sa fille, qu'elle garde depuis sa naissance

« pour m'occuper d'elle exclusivement ». Elle avoue franchement ne jamais avoir dit non à Armelle, pour lui laisser l'« entière liberté d'explorer son univers et ne pas entraver sa liberté ». « Je la masse chaque jour et ne la nourris qu'avec des produits bio », ajoute-t-elle, comme pour se convaincre d'être une bonne mère.

Depuis peu, Armelle frappe violemment sa mère et la griffe chaque fois que ses désirs sont contrariés. « Je ne sais pas être ferme avec elle malgré les conseils de ma psy. Je vis très mal ses gestes de violence. Cela me blesse profondément qu'elle puisse ainsi m'agresser. Alors, la colère m'envahit, je perds tout contrôle et je la frappe à mon tour. J'ai peur de l'abîmer. Mais elle atteint des endroits si douloureux en moi dans ces moments-là que je ne ressens plus d'amour pour elle. Cela me culpabilise tellement que je m'effondre ensuite en pleurant. »

La jeune maman décrit sa relation avec la fillette comme « trop physique » : « Nous sommes dans une trop grande dépendance mutuelle », reconnaît-elle. Le sentiment d'impuissance qui la submerge lors de ces scènes conflictuelles lui est insupportable, tout comme l'agressivité incontrôlable, équivalente à celle de sa fille, que ces crises provoquent en elle.

Que peut-elle me dire sur sa propre enfance, et plus particulièrement sur ce qui se passait quand elle avait l'âge d'Armelle ? À cette question, elle évoque immédiatement le fait le plus marquant de cette période de sa vie : « Mon père nous a quittées alors que j'avais à peine deux ans. Ma mère, qui ne s'en est jamais remise, nous a élevées seules moi et ma sœur, plus jeune d'un an. Médecin, elle s'est énormément investie dans son travail, sans doute pour échapper à la dépression. J'ai cessé de parler quand mon père est parti. Je suis devenue une enfant renfermée et bien trop sage, à ce qu'il paraît. Ma mère, elle non plus, n'a jamais su nous dire non. Finalement, nous ne l'intéressions pas beaucoup... Elle nous a laissées très jeunes livrées à nous-mêmes. Cependant, je ne me suis jamais opposée à elle : je la sentais bien trop fragile pour cela. Aujourd'hui, j'ai cessé de la voir. Son égocentrisme m'est insupportable. »

Je souligne la coïncidence entre l'âge d'Armelle et le sien, lorsque son père a disparu de sa vie, ajoutant qu'elle a probablement dû réprimer sa tristesse et son sentiment d'abandon. Elle confirme : « J'ai tout contenu en moi. »

Dans les conflits qui l'opposent aujourd'hui à sa fille, n'y a-t-il pas quelque chose du passé qui se rejouerait là ? La maman régressant à cette période douloureuse de son enfance et agissant alors en miroir de sa fille ? Avec, tout de même, une différence notable : Armelle, elle, s'autorise à être opposante ! En se conduisant de la sorte, elle « répare » la soumission de sa maman à l'égard de sa propre mère, quand elle la protégeait à sa manière pour ne pas en rajouter dans la situation difficile où elles se trouvaient toutes les trois.

Si cette jeune femme se reproche d'être à la fois dans le « trop permissif » et le « trop comblant » vis-à-vis de sa fille, c'est sans doute pour réconforter en elle l'ancienne fillette en souffrance, celle qu'Armelle convoque par sa seule présence.

Aussi paradoxal que cela puisse paraître, dans son désir de tellement bien faire, elle assume un double rôle, celui de la maman d'Armelle bien sûr, mais aussi celui de la mère qu'elle n'a pas eue. La sienne était trop blessée pour ressentir et exprimer de la tendresse à ses enfants, fillettes angoissées par le peu d'intérêt qu'elles suscitaient, et par leur impuissance face à l'abandon vécu par leur mère.

Le père d'Armelle est, lui, assez présent dans la vie de sa fille, lorsque son activité professionnelle ne le submerge pas trop. La jeune femme en a conscience. Mais ce constat ne s'exprime pas sans une certaine ambivalence, qu'elle résume en une phrase ambiguë où perce une pointe de rivalité : « Elle, elle a son père, ce n'est pas comme moi à son âge… »

Il semble bien qu'Armelle, confrontée à la nécessité de sortir de la relation fusionnelle excessive qui l'unit à sa maman, ait trouvé dans l'agressivité le moyen d'exprimer son besoin d'autonomie, besoin essentiel à tous les enfants pour grandir.

En suggérant au père une plus grande présence, même

symbolique, auprès de sa fille, sous la forme d'appels télé-phoniques dans la journée ou de petits mots que la fillette trouvera à son réveil, s'est installée la dynamique de la défu-sion, indispensable à l'approche de son entrée en halte-garderie. La situation s'est améliorée rapidement, comme si Armelle n'attendait que ce signal de la part de son père pour se sentir sécurisée... Tout comme sa mère, du reste !

Être parents : un enjeu paradoxal

L'arrivée d'un enfant bouscule et fragilise le couple. On devient parents le temps d'un premier cri, et l'on cesse ainsi d'être uniquement « le fils de » ou « la fille de ». Nous voilà presque à égalité avec nos géniteurs. Et rien ne sera plus jamais comme avant...

Donner la vie est une aventure exceptionnelle. L'émotion et la joie le disputent à un sentiment de responsabilité immense, voire effrayant : ce petit être vagissant ne saurait survivre sans soins, sans attentions, sans amour. Dès lors, il occupe le centre de la vie de ses parents et fait l'objet d'intenses préoccupations : pourquoi pleure-t-il ? Comment savoir s'il est suffisamment nourri ? Comment communiquer avec lui ? Faut-il le garder dans ses bras alors qu'il s'endort ? Que penser de la totote ? On ne naît pas parents, on le devient au fil d'une pratique qui s'élabore à tâtons, au fil des jours.

Au-delà de ces préoccupations quotidiennes, se profile une angoissante question : saurai-je être un bon parent pour mon enfant ? Sans doute tous les parents du monde se la sont-ils posée un jour. Elle est bien naturelle et a la vertu de rendre plus attentif aux besoins de l'enfant pour y répondre le mieux possible. Mais aujourd'hui, ce n'est plus une angoisse passagère. C'est une peur, celle d'être de « mauvais

parents ». Et elle va de pair avec un sentiment d'impuissance, d'incompétence, de culpabilité. Comme si l'arrivée
d'un bébé n'était plus le prolongement et la continuité naturelle de la formation du couple ; comme si le manque de
repères dont souffrent bien des jeunes parents les paralysait
dans leur élan pour prendre la place et le rôle qui leur
reviennent auprès de leur tout-petit.

En théorie, comme nous l'avons déjà souligné, devenir
parent renvoie à sa propre histoire d'enfant, qu'on le veuille
ou non. La qualité des relations, l'éducation reçue, les valeurs
transmises sont passées au double crible de la mémoire et de
la critique : on est rarement objectif sur son enfance... Sans
être toujours bien consciente, cette exploration des annales
familiales est une nécessité : elle servira à édifier le socle sur
lequel bâtir, jour après jour, sa « mission » de parent. Seulement, il n'est plus possible aujourd'hui de se référer aux générations précédentes. On n'élève plus guère les enfants à la
manière du couple Le Quesnoy, en les écrasant sous le poids
d'un autoritarisme niant les particularités de chacun.

Alors, vers quels autres modèles se tourner ? Il existe une
alternative à celui proposé par les médias, miroir qui renvoie
aux parents leur fantasme d'une famille harmonieuse, basée
sur l'amour et la compréhension. Le problème, c'est qu'on
ne sait plus très bien de quelle famille il s'agit... Certes,
l'image du couple traditionnel, celui d'un homme et d'une
femme qui s'aiment, se marient et « eurent beaucoup d'enfants », continue de faire rêver, comme dans les contes de
fées dont la lecture se perpétue de génération en génération.
Mais il cède le terrain aux unions libres, pacsées, aux
couples homosexuels, aux familles monoparentales, décom-
posées, recomposées... tout aussi séduisantes, car syno-
nymes d'une certaine forme de liberté et symboles du droit
à l'épanouissement amoureux de chacun.

Telles sont aujourd'hui les versions multiformes de la

famille, qu'il conviendrait sans doute de nommer «constellations familiales». Elles ont un point commun qui les différencie radicalement de la famille traditionnelle : contrairement à celle-ci, elles se construisent autour de l'enfant dont la venue a été décidée, ou même instrumentalisée grâce aux progrès de la procréation médicalement assistée. De ce fait, la place accordée à cet enfant n'est plus du tout la même : c'est lui qui officialise l'union de ses parents, au sens figuré comme au sens propre, puisqu'il n'est pas rare qu'après l'arrivée de son premier enfant, un couple se pacse ou se marie. Signe des temps, le nombre des naissances hors mariage a pour la première fois été majoritaire en 2007, d'une courte tête : 50,5 % (chiffres Ined). En 1965, il était d'à peine 6 %. On mesure le chemin parcouru, y compris pour ces enfants qu'on disait alors « illégitimes » et qui furent de ce fait privés de leurs droits de filiation. Jusqu'à ce que la loi du 3 janvier 1972 établisse le principe d'égalité de l'enfant naturel et de l'enfant légitime.

Puisqu'il est désormais acquis que l'on peut former une famille sans être marié ni même vivre en couple, on s'interroge forcément sur le rôle et la fonction du parent. Avec, là encore, comme dans toutes périodes de mutations profondes, de multiples doutes et hésitations.

En termes juridiques, « parent » désigne avant tout le géniteur de l'enfant, ce qui permet de rattacher celui-ci à sa famille, de lui donner un nom en référence à celle-ci et une place du point de vue des générations. Ce qui s'accompagne de devoirs et d'obligations des parents vis-à-vis de leur enfant : le Code civil confie aux parents l'autorité conjointe sur leurs enfants, cette autorité impliquant des devoirs, tels que l'entretien des enfants, leur éducation et la gestion de leurs biens, dans le but d'en faire des adultes responsables et capables de vivre en bonne intelligence avec les autres citoyens.

Sur le plan psychanalytique, le parent assure trois fonctions essentielles : la fonction nourricière (prendre soin, au sens large) ; la fonction de symbolisation, qui définit la place de chacun selon son sexe dans la généalogie ; la fonction de socialisation, qui passe par l'instauration de règles, de limites et d'interdits pour permettre à l'enfant de vivre parmi les autres. Ce que fera la fée, substitut maternel, à l'égard de Pinocchio, né du seul désir d'un père défaillant. Elle lui permettra ainsi de « s'humaniser » en intégrant les lois de la société.

De nos jours, la diversification des modèles familiaux a donné à la parentalité des visages multiples. La vérité, c'est qu'on ne sait plus très bien où l'on en est... Une chose est sûre, cependant : à mesure qu'explosaient les représentations traditionnelles de la famille, nous avons tout doucement glissé vers une définition du parent où le lien affectif prédomine sur le lien de filiation. Au risque d'oublier ce besoin essentiel d'être au clair avec ses origines.

La parentalité, concept récent, est désormais mesurée à la compétence de prendre soin de l'enfant et d'établir avec lui des liens affectifs. Une nouvelle définition que le psychiatre Gérard Poussin résume ainsi : « Un père, une mère, c'est une personne qui présente un comportement qui correspond à ce que l'on attend de la fonction parentale à une époque donnée et dans une culture donnée, qui s'identifie à cette fonction et qui est reconnue par l'enfant dans cette identité-là[1]. » Ce que l'on attend aujourd'hui des parents, c'est qu'ils assurent l'épanouissement tous azimuts de leur progéniture, sur le plan affectif comme sur celui des compétences. De quoi paniquer, n'est-ce pas ! D'autant qu'il a été dit et répété que « tout se joue » lors des premières années de la vie. On a

---

1. POUSSIN Gérard, in BRUEL Alain, FAGET Jacques et al., De la parenté à la parentalité, Érès, 2001.

tellement insisté sur les traumatismes de la petite enfance que bien des parents sont tétanisés à l'idée de « mal faire », de ne plus remplir leur rôle en matière d'éducation. La faute, en partie, aux psys dont l'influence a gagné progressivement de nombreuses sphères de notre société ?

En outre, privilégier l'orientation affective n'est pas sans ambiguïté, en particulier dans les questions que posent les techniques de procréation médicalement assistée : que dire de ses origines à l'enfant né par insémination artificielle ? A-t-il besoin de connaître son parent biologique, son père donneur de sperme ou sa mère donneuse d'ovule ? Une mère célibataire a-t-elle le droit de garder secret le nom du père de son enfant ? Et si elle refait sa vie avec un autre homme, celui-ci peut-il être considéré du fait qu'il élève l'enfant comme le père de celui-ci, à l'égal du père biologique ? Toutes ces questions très actuelles sont bien loin d'être tranchées. Mais elles sont révélatrices de la confusion dans laquelle nous sommes aujourd'hui.

Être parent, élever un enfant, cela n'a jamais été facile. De nos jours, cet « exercice à risques » est devenu de surcroît *solitaire* pour les familles monoparentales, *temporaire* par le jeu des gardes alternées, *intérimaire* par celui des recompositions familiales. Finalement, la seule certitude à laquelle se raccrocher, c'est l'enfant. Seul pivot des constellations familiales. Première victime également des déchirements entre ses parents en cas de séparation ou de divorce. Comme si, dans le conflit du couple, chacun, père ou mère, souhaitait demeurer pour l'enfant un « tout » qui ne supporte pas le partage parce qu'il reviendrait alors à n'être plus « rien ». Quitte à renier à l'autre sa part d'autorité parentale et de plonger l'enfant dans une douloureuse et angoissante confusion des rôles et des places.

Jade est une fillette de huit ans que j'avais déjà suivie lors de la séparation de ses parents. Elle avait alors dix-huit mois.

Élément important de sa situation, son père et sa mère, chacun de leur côté, ont tous deux perdu un très jeune enfant deux ans avant leur rencontre, qui s'est donc faite sur le terrain d'une détresse commune. Jade est née très vite (peut-être trop vite), comme pour réparer la douleur de la perte subie par chacun de ses parents. Sans doute sa naissance n'a-t-elle pas suffi à recréer une famille, puisque le couple n'a pas tenu longtemps. Il est facile d'imaginer que Jade a été très investie dès sa naissance, tant par sa maman que par son papa, au point qu'ils se sont partagé sa garde malgré son très jeune âge au moment de leur séparation.

Lorsque j'avais fait sa connaissance, elle n'acceptait de se nourrir qu'avec sa nounou, refusant obstinément que l'un ou l'autre de ses parents lui donne à manger. C'était un sujet de conflit entre son père et sa mère, le premier accusant la seconde d'acheter de mauvais produits pour leur fille et contestant, plus largement, la moindre de ses initiatives. En outre, des rituels complexes d'endormissement signalaient les difficultés auxquelles elle était confrontée au quotidien, et à chaque changement de lieu de vie.

Après quelques séances, le comportement de la fillette s'était amélioré, mais elle restait très fragile et dépendante de la relation éminemment conflictuelle qui persistait entre ses parents. Je l'ai vue de façon intermittente les six années suivantes, tout en assurant un rôle de médiatrice entre les parents et la petite fille prise en otage dans un conflit sans fin.

Au cours de nos séances, elle rapportait des rêves témoignant de la violence subie. Dans l'un d'eux, il était question d'un «gros loup-garou qui détruit toute la maison, et les cris de maman me réveillent»; dans un autre rêve, «à force de faire l'idiot, papa avait tout cassé».

Mais si, après un certain temps, je revois Jade en urgence sur la demande insistante de sa mère, c'est pour une tout autre raison. Car les choses ont changé: c'est désormais Jade qui a pris le contrôle d'une situation qu'elle subissait douloureusement auparavant. Le virage est impressionnant. Du haut de ses huit ans, Jade ne se laisse plus dicter ce qu'elle peut ou doit faire, ce qu'elle ne peut pas ou ne doit pas faire. C'est elle qui décide et manipule à loisir son père et sa mère en les montant l'un contre l'autre. Leur incommunicabilité est devenue pour elle une arme redoutable qu'elle sait parfaitement utiliser désormais.

« Jade est devenue ingérable et se met souvent en danger en transgressant les règles élémentaires de sécurité, raconte sa maman. Elle s'oppose à toute demande de ma part, avec des mots violents, sans aucune censure. »

N'ayant jamais été respectée par ses parents, qui eux-mêmes ne se respectent pas, comment la fillette aurait-elle pu inventer un autre mode de comportement ?

Des parents qui, justement, se reprochent mutuellement la prise de pouvoir de Jade sur eux. Car c'est nécessairement la faute de l'autre ! La fillette le sait si bien qu'elle utilise cette brèche sans aucun scrupule… « Elle me terrorise, avoue sa maman. Je ne sais plus comment l'aborder. Son père ne semble pas plus efficace, mais lui n'a que peu d'exigences et, pour avoir la paix, se contente de privilégier la permissivité. Avec lui, elle fait ce qu'elle veut et, du coup, elle s'oppose à moi de plus belle. »

La contestation est devenue un instrument de combat efficace dont Jade se sert pour défendre son intégrité, depuis toujours bien mise à mal par ses parents. Et la peur qu'elle leur inflige à son tour n'est que le reflet de celle qui a imprégné toute sa petite enfance malmenée. J'en profiterai pour insister sur un point qui me tient à cœur à propos de l'alternance des lieux de vie pour les enfants dont les parents sont séparés, enfants suspendus au milieu de nulle part, et à qui l'on dit qu'ils vont alternativement *chez maman* ou *chez papa*. Mais où sont-ils vraiment chez eux ? Ne serait-il pas plus adapté de leur proposer d'aller *chez eux, avec* maman ou *avec* papa ?

Le moindre fait et geste de la mère de Jade est systématiquement dénigré par son père, jusqu'au choix des vêtements qu'elle achète pour la fillette.

Comme le font ses parents, auxquels elle s'est identifiée, Jade transforme tout en sujet d'affrontement ou, au mieux, de négociation. Cette méthode est devenue son unique manière de protester.

La situation me semble critique en raison du refus du père de coopérer avec la mère pour imposer des limites à leur fille. L'obstination de l'un et de l'autre est extrême. Je ne peux que constater cette impasse et suggérer une psychothérapie familiale, à laquelle le père se montre hostile malgré mes mises en garde à propos de l'évolution de la fillette. Car Jade est en très grande difficulté. Sur ma proposition, elle accepte de continuer à venir me voir pour analyser et modifier son comportement agressif, dont elle est consciente. Malgré sa bonne volonté, je reste sceptique sur l'efficacité de cette thérapie, qui ne se poursuit qu'au fil des crises, tant que son père refuse de se remettre en question, et tant que ses parents continuent à se servir d'elle pour régler leurs comptes.

Dans les cas de séparation conflictuelle, il n'est pas rare que l'enfant soit utilisé par les adultes comme une arme destinée à combattre l'autre, au mépris de sa sensibilité et de son équilibre. Une telle façon d'agir pervertit l'enfant dans la mesure où elle l'encourage à utiliser les mêmes armes. Il est imprégné par des comportements qu'il va reproduire dès qu'il en sera capable. Les parents qui manipulent ainsi l'enfant de manière perverse, c'est-à-dire comme un objet que l'on utilise ou que l'on se renvoie, le privent de son droit à la protection qui est le propre de l'enfance.

Mi-fée, mi-sorcière : la mère

« Quand je lui change sa couche, mon bébé hurle. Qu'est-ce que je fais de mal ? Et lorsqu'il devient rouge et se tortille après la tétée, cela signifie-t-il que mon lait est mauvais ? »

Estampillées « mamans » à la sortie de la maternité, les jeunes femmes sont désorientées par le nombre de questions et de doutes auxquels elles doivent faire face jour après jour. Ce n'est pas du tout ce qu'elles avaient imaginé ! L'instinct maternel ? Un mythe pour celles qui avouent avec franchise avoir trouvé éprouvantes les premières semaines avec bébé. Porter un enfant puis le mettre au monde ne suffit pas pour devenir mère… C'est avant tout un travail psychique qui mobilise la jeune maman dans l'acceptation de sa fonction maternante, en constante évolution, et de son enfant tel qu'il est.

Une vérité d'autant plus déroutante que l'on a bien du mal, de nos jours, à définir le sens du mot « mère », bien qu'il soit l'un des plus répandus au monde. Au fil des âges, la fonction maternelle a été définie selon les normes et les besoins de chaque société. En France, le mythe de l'amour maternel est né au siècle des Lumières, comme étant le sacrifice total de la mère à son enfant, dans la fusion et la tendresse, célébré notamment par Jean-Jacques Rousseau dans *Émile ou De l'éducation* : « Leurs soins [des mères] importent plus au bon ordre de la famille ; généralement elles ont plus d'attachement pour les enfants. Il y a des occasions où un fils qui manque de respect à son père peut en quelque sorte être excusé ; mais si, dans quelque occasion que ce fût, un enfant était assez dénaturé pour en manquer à sa mère, à celle qui l'a porté dans son sein, qui l'a nourri de son lait, qui, durant des années, s'est oubliée pour ne s'occuper que de lui, on devrait se hâter d'étouffer ce misérable comme un monstre indigne de voir le jour. »

Ce mythe, enjolivé, idéalisé, a progressivement déplacé le centre de gravité de la famille vers la mère, gardienne du foyer domestique et responsable de l'éducation des enfants, même s'il était de coutume, au XIXe siècle, que les femmes bourgeoises confient leur tout-petit aux bons soins d'une nourrice. Il nous a imprégnés pendant des siècles, laissant des traces profondes dans nos mentalités.

Ainsi, en 1971, *Le Petit Larousse* le célébrait encore en proposant la définition suivante du mot « mère » : « L'instinct maternel est une tendance primordiale qui crée chez toute femme normale (*sic*) un désir de maternité et qui, une fois ce désir satisfait, incite la femme à veiller à la protection physique et mentale de ses enfants. »

62

Après trente ans de féminisme, *Le Petit Robert* s'en tient désormais à une définition plus pragmatique et, pour tout dire, laconique : « Femme qui a mis au monde un ou plusieurs enfants. Femme qui a conçu et porte un enfant. Femme qui est comme une mère. » *Exit* l'idéalisation de l'instinct maternel qui exige le don total de soi, instinct désormais contesté ou considéré comme artificiel !

Malgré tout, rien n'a changé et les évidences ont la peau dure : « Ça travaille à plein temps, ça dort un œil ouvert. C'est d'garde comme un chien, ça court au moindre petit bruit, ça s'lève au petit jour, ça fait des petites nuits. C'est vrai, ça crève de fatigue. Ça danse à tout jamais une éternelle gigue. Ça reste auprès de sa couvée, au prix de sa jeunesse, au prix de sa beauté », chante Linda Lemay, pour qui l'idée du sacrifice maternel n'est pas qu'une caricature.

Il y a là une ambiguïté bien difficile à résoudre pour les femmes. L'idée de don de soi est toujours là, mais la plupart d'entre elles ne s'y reconnaissent plus totalement. L'amour, la tendresse, l'écoute, oui. Mais l'oubli de soi semble bien incompatible avec l'image de la femme active épanouie du XXIe siècle. Réussir sa vie personnelle est un souhait au moins aussi légitime que celui de réussir l'éducation de ses enfants. Une ambition certes exigeante : il est devenu inconcevable et profondément douloureux de « rater quelque chose » dans ce dernier domaine.

Mais comment s'y prendre, une fois encore, puisqu'il n'y a plus de transmission entre les générations ? Le savoir se cherche dans les médias et sur Internet : il n'y a jamais eu autant de sites, d'ouvrages, d'articles de presse pour expliquer aux mamans ce qu'il convient de faire, pour leur donner les recettes de la « mère parfaite » et éviter de tomber dans les pièges de la « mauvaise mère », et ce dès le début de la grossesse ! Ce qui induit l'idée qu'il y a une norme moralisatrice, un idéal accessible à toutes les bonnes volontés, auquel il est impératif de se conformer pour produire un enfant idéal.

Charles est un petit garçon adopté à l'âge de quelques mois et élevé par une femme seule, mais qui peut compter sur le soutien de sa propre mère en cas de besoin. Nous nous étions rencontrées une première fois alors qu'il avait deux ans pour des troubles du sommeil : Charles refusait de dormir seul et rejoignait sa mère chaque nuit dans son lit. En outre, il se montrait très opposant. « C'est la guerre permanente entre nous ! » disait-elle à l'époque. Cette maman ne s'attendait pas à devoir affronter de telles difficultés dans l'éducation d'un enfant. D'autant qu'elle se projetait depuis toujours dans un rôle de « mère idéale ». Après quelques séances de psychothérapie conjointe mère-enfant (une prise en charge classique à cet âge précoce), les choses étaient progressivement rentrées dans l'ordre. Malgré cela, je revois Charles alors qu'il a quatre ans et demi. Son agressivité est au centre de la consultation. Les rapports entre ce petit garçon et sa mère se sont dégradés et sont devenus conflictuels au quotidien. À l'école, cependant, Charles se comporte semble-t-il plutôt bien, non sans faire preuve malgré tout de quelques insolences gênantes pour la classe.

La maman, fragilisée par un accident ayant nécessité une opération chirurgicale invalidante, ne trouve plus les ressources psychologiques pour faire face au garçonnet qui, de ce fait, profite de la situation. Malheureusement, le décès de la grand-mère la prive du soutien de celle-ci. Elle se retrouve donc bien seule… « Je passe mon temps à tout négocier avec Charles et, à chaque confrontation, la tension est telle entre nous qu'elle me paralyse. Du coup, souvent – trop souvent ! – Charles en sort le grand vainqueur ! Le problème ne se pose pas avec sa baby-sitter. » Pendant ce temps, Charles dessine sa mère sous un arc-en-ciel (preuve de l'admiration qu'il lui porte) et lui fait dire : « Je vais au travail. » Puis il se dessine à ses côtés, mais plus grand qu'elle, signe d'une attirance œdipienne très forte pour sa mère. « C'est moi quand je serai grand », explique-t-il.

Sa mère poursuit : « Je crains son humeur chaque soir en rentrant, au point d'appréhender de le retrouver. Souvent, il me lance : "De toute façon, tu n'es pas ma maman et tu ne m'aimes pas !" Je perçois une grande violence dans ses paroles qui m'anéantissent... »

Charles, outre son comportement tyrannique, est en régression depuis l'accident de sa mère : il manifeste à nouveau le besoin d'être endormi chaque soir, sauf lorsqu'il dort chez un copain. Se sentirait-il une nouvelle fois en insécurité ? Ou bien, comme c'est souvent le cas, pense-t-il que sa mère a besoin de lui et que sa présence la rassure ? Qu'il est plus fort qu'elle et son protecteur en quelque sorte, comme semblerait le montrer son dessin.

Lors d'une séance où sa mère souligne le fait qu'il se montre plus gentil avec sa nounou qu'avec elle, Charles lui rétorque : « Oui, mais c'est parce que j'ai peur d'elle... » J'interviens avec une question : « Tu n'as pas peur de ta mère, c'est que tu veux dire, n'est-ce pas ? » Fixant sa mère droit dans les yeux, le petit garçon s'exclame sur un ton impératif où perce une certaine rancœur : « Il faut être sévère avec moi ! » À la suite de quoi je propose à la maman de revenir me voir seule, afin que nous puissions évoquer ensemble ce qui se joue autour de la faiblesse dont elle fait preuve à l'égard des attitudes provocatrices de son fils. Il s'avère que si elle prend tant de précautions face aux agressions de Charles, c'est qu'il la renvoie sans cesse à l'adoption, comme si elle-même ne le considérait pas tout à fait comme son fils : « Jusque-là, c'est comme si je devais m'excuser de ne pas être sa mère de naissance... Peut-être en liaison avec le fait que lorsque mes parents se disputaient, j'entendais mon père dire à ma mère pour la blesser que je n'étais peut-être pas de lui... mais l'enfant du facteur ! »

Ainsi, cette femme revivait son histoire à travers celle de Charles. C'est à la suite de cette séance qu'elle parviendra à la conclusion que Charles attend d'elle qu'elle manifeste une autorité qui lui a fait défaut jusque-là, tant elle se trouvait piégée par la culpabilité liée au doute émis par son père sur sa naissance.

Grâce à cette prise de conscience de ce qui parasitait leur relation, elle aura la révélation libératrice que « c'est possible d'être une mère normale, c'est-à-dire être capable d'imposer des limites aux exigences de Charles sans trop de précautions ». « Depuis, ajoute-t-elle, je n'ai plus peur de lui. J'évite l'escalade et je le sanctionne si nécessaire, mais en veillant à toujours garder mon calme et ma détermination. »

Ayant sans doute pris acte de l'épreuve de réalité liée au changement d'attitude de sa mère, à la séance suivante, Charles dessinera à nouveau un superhéros, mais qu'il qualifiera lui-même de « trop grand » et ramènera à des proportions plus justes… Preuve du message reçu ! Ce petit garçon ne demandait que cela : que sa mère, enfin délestée de ce qui l'entravait, endosse un rôle éducatif qui le maintienne à sa place d'enfant.

Les difficultés qu'elle rencontrait étaient d'autant plus fortes qu'elle se trouvait dans une trop grande proximité avec Charles, comme c'est le cas de nombreuses femmes célibataires. Je lui ai d'ailleurs suggéré d'impliquer davantage le parrain de son fils, qui s'était peu manifesté jusque-là, tant que Charles était petit. Celui-ci a introduit dans la vie du petit garçon un autre type de relation basée sur la présence d'un substitut paternel, en faisant office de tiers pour briser le duo étouffant et destructeur constitué par le face-à-face mère-enfant.

Pour la maman, ce fut aussi le soulagement de ne plus endosser l'entière responsabilité de l'éducation de son fils. Elle n'était plus totalement seule !

Aurait-on oublié qu'une mère, avant d'être une fonction, est avant tout une personne humaine, avec son histoire certes, mais aussi ses qualités et ses défauts ? Qu'elle réagit avec d'autant plus de sensibilité à son tout-petit qu'elle est, dans les premiers temps de la maternité, dans une relation fusionnelle avec lui ? Ses réactions émotionnelles sont légitimement marquées par l'ambivalence des sentiments, entre amour et rejet, patience et exaspération. Toute mère est à la fois une fée et une sorcière : une fée lorsqu'elle comble les besoins de son enfant, une sorcière lorsqu'elle le frustre ; elle investit affectivement son enfant et, en même temps, elle lui en veut d'être tyrannique, de la réduire en quelque sorte en « esclavage » : « Il me pompe, je n'en peux plus ! »

Elle est la fée aux cheveux bleus, image ambiguë de la

mère pour Pinocchio, tour à tour aimante et capable de lui imposer des épreuves terribles pour le punir de son indiscipline. Elle le sauve de la mort lorsque des brigands le pendent à un arbre, le soigne lorsqu'il est malade, lui explique patiemment quelle doit être sa (bonne) conduite et, finalement, c'est elle qui exaucera son souhait de devenir « un vrai petit garçon ». Dans le même temps, tout en croyant bien faire, elle le punit avec une certaine cruauté de ne pas écouter ses conseils : c'est elle qui provoque l'hypertrophie de son nez à chaque mensonge, le contraint d'avaler des médicaments immondes, lui fait porter un plateau de mets en plâtre un jour qu'il mourait de faim et, torture suprême, lui fait croire qu'elle est morte « de chagrin » en raison de son inconduite. Pinocchio se laisse prendre à la supercherie : « Il se jeta à terre et couvrit de baisers la pierre tombale tout en éclatant en sanglots. Il pleura la nuit entière. Au lever du jour, il pleurait encore. Il pleura tant et tant que ses yeux n'avaient plus de larmes. […] "Ô ma petite Fée, pourquoi es-tu morte ? Pourquoi toi et pas moi, moi qui suis si méchant alors que toi, tu étais si bonne ? Et mon papa, qu'est-il devenu ? Que veux-tu que je fasse tout seul dans le vaste monde ? Maintenant que j'ai perdu mon papa, qui va me donner à manger ? Et la nuit, où pourrai-je dormir ? Qui va me tailler de nouveaux vêtements ? Oh ce serait mieux, cent fois mieux que je meure moi aussi ! Oh oui, je veux mourir !" »

À sa manière, faite d'un mélange de douceur et de cruauté, la fée-sorcière énonce les lois du monde à la place de Gepetto. Il est difficile de concevoir que l'on puisse éprouver des sentiments aussi ambivalents à l'égard de son enfant, sentiments que lui-même éprouve en retour pour cette figure à la fois aimante et frustrante. Pourtant, cette ambivalence, caricaturale chez la fée car à la limite de la maltraitance, est non seulement normale, mais s'avère souvent nécessaire : si elle n'existait pas, il serait impossible à l'enfant de sortir de la fusion avec sa mère, donc de s'autonomiser.

Mais pour exercer son rôle de mère capable de cadrer son tout-petit, encore faut-il qu'elle ne soit pas trop seule. Le sentiment de solitude des mères, y compris parfois de celles qui vivent en couple, est bien souvent réel. Du moins le vivent-elles ainsi car, malgré les avancées féministes, c'est encore sur elles que repose la coordination entre vie de famille et vie professionnelle. Qu'est-ce qui a changé depuis les *superwomen* des années 1980 ? Pas grand-chose... Il est toujours aussi difficile de faire garder son enfant, d'éviter que la naissance d'un bébé ne donne un coup de frein à une carrière professionnelle... Quant aux tâches ménagères, elles sont toujours assurées à 80 % par les femmes ! Ce sont encore les mères qui, hier comme aujourd'hui, prennent un jour de congé quand l'enfant est malade, rencontrent les enseignants, prennent rendez-vous chez l'orthodentiste ou l'ophtalmologue...

Surresponsabilisées, surchargées, sommées de réussir à la perfection l'équation impossible entre enfants, maison et boulot, bien des mères disent souffrir du stress et d'un sentiment d'impuissance. On peut formuler l'hypothèse que si elles étaient davantage soutenues par une société qui ne manque pas de s'enorgueillir de leur taux de fécondité, elles auraient davantage la possibilité d'être des mères «suffisamment bonnes», selon l'expression de Donald W. Winnicott, c'est-à-dire trouvant un compromis entre le fait d'être une fée par moments et une sorcière à d'autres.

De quoi ont-elles essentiellement besoin ? D'aides supplémentaires : amélioration des gardes d'enfants, assouplissement des horaires de travail en fonction de l'âge de ces derniers, allongement du congé de maternité. Et un peu plus d'investissement du côté des papas...

Lorsqu'il pleure sur la tombe de sa mère, Pinocchio n'est-il pas lucide en réunissant symboliquement par la parole son père et la fée qu'il considère comme sa mère ? Il a l'intuition qu'il faut des deux, du père et de la mère, comme tout enfant normalement constitué... En les invoquant l'un et l'autre, il les associe et les met à leur juste place de parents, mais dans des rôles complémentaires, nécessaires à son évolution.

Entre présence et absence : le père

Gepetto est le « géniteur » unique de Pinocchio, qu'il façonne de ses mains à l'image de ses désirs, poursuivant ainsi le fantasme de l'« homme enceint ». En dépit de la bonne volonté dont il fait preuve, sa paternité se solde rapidement par un fiasco. Elle lui vaudra des larmes de désespoir, un séjour en prison et deux années d'enfermement dans le ventre de la baleine, comme symboles de son échec.

On peut avancer deux raisons à un tel ratage : d'une part, le fantasme de donner la vie seul est risqué, l'aventure trop hasardeuse pour le parent fragilisé par sa solitude, comme pour l'enfant sommé bien souvent de ne faire qu'un avec son parent et de réaliser tous ses rêves. N'est-ce pas d'ailleurs ce qui se passe dans la réalité ? Globalement, un enfant a besoin pour grandir de deux parents, hétérosexuels ou homosexuels, à moins de trouver un substitut et d'introduire ainsi dans sa vie un deuxième adulte qui jouera un rôle de tiers tout en proposant à l'enfant un autre modèle d'identification.

D'autre part, Gepetto ne joue pas vraiment un rôle d'éducateur auprès de la marionnette. Certes, il lui apprend à marcher, lui confectionne de nouveaux pieds pour remplacer ceux qui ont été brûlés, lui prépare ses repas, lui taille des vêtements, vend son propre manteau pour lui acheter un alphabet... Mais il se révèle incapable de lui imposer des règles et des limites. Il ne l'éduque pas, pris tout entier dans une relation où l'amour occupe toute la place. Son désir fou de ne voir en Pinocchio qu'un fils idéalisé, celui dont il rêve, fait de lui une proie complaisante aux manipulations du pantin. «Je suis le plus gentil et je dis toujours la vérité. Je vous jure, papa, que j'apprendrai un métier et que je serai votre bâton de vieillesse», affirme Pinocchio, touchant sciemment le vieil homme au cœur. Et ça marche : «Gepetto, tout en affichant un air terriblement sévère, avait les yeux pleins de larmes... »

Faut-il voir une inversion des figures paternelle et maternelle dans ce conte ? Gepetto endosse davantage, en effet, la fonction de «mère nourricière» en prenant soin de Pinocchio. Il est dans un sacrifice d'ordre maternel, ainsi que notre société l'a longtemps conçu. La fée, au contraire, incarne l'autorité, imposant au pantin des limites à sa toute-puissance infantile. Son personnage préfigure les mères actuelles qui assument bien souvent seules l'autorité !

Le conte de Carlo Collodi annonce ainsi les grands bouleversements de la condition paternelle au tournant des années 1970, avec l'apparition des «nouveaux pères», ces papas qui ont intégré dans le plaisir et la tendresse une fonction de maternage : ils changent les couches, donnent le bain et le biberon, portent bébé en kangourou, lui racontent des histoires le soir... Il devient mal vu de se désintéresser des problèmes de couches-culottes et de régurgitation sous peine d'être désigné comme le symbole ringard d'une paternité dépassée ! Phénomène sur lequel la journaliste Michèle Fitoussi porte un regard désenchanté dès 1987 : «On s'est mis à couver. Tous les deux. Il n'a rien voulu louper, de la première échographie au premier coup de pied du bébé. [...] Plus notre état avançait, plus il se sentait solidaire, réinventant pour lui tout seul un mot nouveau, couvade, qui englobait tous ses symptômes de notre grossesse. [...] Pendant l'accouchement, si d'aucuns se dégonflèrent et se retrouvèrent classiques, dans le couloir à fumer et à se bouffer les ongles, beaucoup au contraire firent exactement ce qu'on attendait d'eux. Quand il fallut pousser, ils poussèrent ; respirer, ils respirèrent ; compter, ils comptèrent ; expulser, ils expulsèrent. […] Les débuts du nouveau trio furent idylliques. […] Le NP changea, talqua, biberonna, rotota à tout-va. Enfin, dès qu'il pouvait. […] Le papa-poule, ce drôle d'oiseau appelé aussi pélican, était né. Il ne restait plus qu'à le faire s'envoler. […] Malheureusement, à mesure que le Nouveau Père est passé dans les mœurs, il a pris du recul. Petit à petit, l'enfant a grandi et le Nouveau Père a vieilli. S'est détaché de sa belle image. Est devenu un cliché, tout juste bon pour l'album de famille. […] Car, croulant sous la tâche, l'homme de notre vie a rapidement perdu les pédales : c'était son intérêt. "Fragiles d'un côté, assumant tout de l'autre ? On n'est pas fous, ils ont dit. On n'est que des faibles hommes. Vous êtes tellement formidables, chéries. À vous de vous débrouiller." [1] »

Vingt ans plus tard, il semblerait que le papa-poule n'ait toujours pas pris son envol… Il reste partiellement en retrait. Évoque-t-on, d'ailleurs, les difficultés rencontrées par les pères à concilier famille et travail ? Si bien que les papas, en général, ont cette particularité d'être à la fois présents et absents… Néanmoins, les hommes – et leurs enfants ! – ont gagné à investir une autre manière d'être père : plus de proximité, d'échanges, de relation, d'affection.

Il aura donc fallu attendre les années 1980 pour admettre que l'homme est tout aussi bien placé que la femme pour s'occuper d'un enfant, passé les premiers mois où la présence de celle-ci reste primordiale. Si le mouvement est en route, il a tout de même ses résistances : il y a, chez certains, une peur latente de la « féminisation » de l'homme devenu incollable

---

1. Fitoussi Michèle, *op. cit.*

71

sur les marques de tétine. On peut lire çà et là des injonctions viriles à « redresser la tête » (et à renvoyer les femmes à leurs casseroles ?). La place et la fonction du père sont dites menacées, dévaluées par rapport à celles qu'occupent les mères. La tentation est grande d'en imputer la faute à ces dernières, soupçonnées de vouloir conserver le premier rôle auprès des enfants et d'exercer auprès d'eux l'autorité qui manque à ces nouveaux pères. « Il ne pense qu'à jouer avec les enfants ! À moi d'exiger que les devoirs soient faits, la chambre rangée, la douche prise et les dents brossées », se plaignent-elles.

Il est vrai que la place des pères dépend en partie de leur relation avec la mère, et que celle-ci éprouve parfois des difficultés à faire une place au papa. « Je ne fais jamais comme il faut, c'est-à-dire comme elle, et si j'élève la voix, elle me reproche ma sévérité », se plaignent-ils de leur côté. La difficulté à garder une position stable vis-à-vis des enfants est criante dans les cas de séparation : 54 % des enfants de parents séparés perdent tout contact avec leur père, et 24 % ne le voient en moyenne qu'une fois par mois. Un état des lieux préoccupant, comme si les hommes étaient aujourd'hui placés dans la dépendance du bon vouloir des femmes, désormais à parité avec eux dans bien des domaines, la capacité de mettre au monde en plus. Mais les hommes ne sont-ils pas eux aussi responsables de cette situation problématique et de la relation qu'ils entretiennent avec leur (ex-) conjointe ? N'ont-ils pas tendance à se sous-responsabiliser eux-mêmes lorsqu'ils refusent de s'impliquer davantage dans la vie de leur enfant ? Les publicitaires, remarquables observateurs des phénomènes sociaux, traduisent à leur façon, caricaturale et humoristique, les ambiguïtés paternelles. Ainsi ce spot télévisé récent mettant en scène un frétillant jeune homme : on l'aperçoit de dos dans sa cuisine (en train de faire la vaisselle ?), lorsque survient sa compagne qui lui annonce, rayonnante, sa future paternité. Passé le premier moment d'émotion, le futur père se lance avec un enthousiasme frénétique dans les préparatifs de la naissance, repeignant en bleu les murs de ce que l'on se figure être la chambre du nouveau-né. Sauf qu'il s'agit en réalité de son garage… Voilà qui résume une certaine image ambivalente du père, impliqué dans la sphère privée sans l'être réellement ni de manière appropriée, un zest d'immaturité en prime !

Au regard de la société, la fonction paternelle n'est pas moins complexe : depuis que les femmes travaillent elles aussi, les hommes ne sont plus les seuls à assurer les finances de la famille ; par ailleurs, avec l'apparition de nouvelles formes d'union et les progrès accomplis en matière de procréation médicalement assistée, ils ne sont plus définis par la seule fonction biologique. Ils peuvent tout à la fois, ou séparément, être des géniteurs, des pères éducateurs (beaux-pères compris), des pères nourriciers, d'affectueux compagnons de jeux…

De tels tiraillements expliquent, sans doute, le rapport de compétition qui s'installe dans le couple, entre le père et la mère, chacun cherchant à se construire une place auprès de l'enfant, place justifiée par l'amour manifesté par ce dernier. Comme s'il était désormais devenu le seul à pouvoir légitimer ses parents dans leur rôle. Une fois encore, le voilà « nombril » de sa famille…

Nous sommes dans une période de transition où le profil des pères est devenu flou, ce dont ils sont parmi les premiers à souffrir, comme le constate le psychiatre Serge Héfez : « Dans la sphère de l'intime, leur désarroi est immense. […] J'entends les pères avouer dans ma consultation qu'ils ne savent pas comment parler à leurs enfants, trouver leur place dans la famille. Ils ont perdu le mode d'emploi et le vivent d'autant plus mal qu'ils sont en effet à l'égal des femmes dans leur désir de réussir avant tout leur vie familiale et amoureuse. [...] Les hommes vivent ce bouleversement comme une perte. Ils sont dans le ni-ni[1]. »

L'un des rôles sans doute les plus difficiles à tenir pour bien des pères est de parvenir à imposer des limites à leurs enfants. À l'image du père de Régis, ce petit garçon que nous avons rencontré au chapitre précédent. À l'âge de sept ans et demi, Régis terrorise, tyrannise ses parents pour les contraindre à être « plus forts que lui », c'est-à-dire à adopter une attitude plus ferme et donc plus sécurisante avec lui.

Les interventions de Régis dans le cadre de la thérapie entreprise et poursuivie ensemble portent le message d'une « carence paternelle », à interpréter ici comme l'expression d'une impossibilité pour le père à endiguer la violence de son fils et à se constituer comme modèle cohérent pour lui permettre de grandir et de se projeter dans l'avenir. Son attitude de retrait face aux exigences et à l'agressivité de Régis fait de lui un « parent complice », qui se positionne comme l'égal de son fils, comme s'ils fonctionnaient tous deux en miroir l'un de l'autre. Or, en agissant comme son égal, il n'inscrit pas Régis dans la différence des générations. Il l'encourage au contraire à se considérer comme l'équivalent d'un adulte à qui tout serait permis... tandis qu'il s'obstine lui-même dans un comportement d'enfant immature.

C'est en tout cas le message que je m'efforcerai de faire passer à ce père lorsque, sur mon invitation, il me rencontre seul : la nécessité de prendre conscience des enjeux liés à l'éducation inadaptée qu'il donne à ses enfants, et l'urgence qui s'impose à lui de se resituer comme un adulte responsable. Devenir un père capable d'imposer à ses enfants le rapport à la Loi et à l'interdit, leur proposer enfin des repères identificatoires solides.

---

1. *Le Point*, 11 octobre 2007.

Jusque-là convaincu qu'on ne pouvait pas tout réussir dans la vie, il avait, comme ses parents, privilégié son métier d'artiste, dont il tirait une vraie reconnaissance et une notoriété valorisante. Mais en même temps, il craignait de perdre ce bénéfice narcissique en investissant son rôle de père, pour lequel il devait faire l'effort de tout inventer, puisque son enfance abandonnique l'avait privé de repères pour cela. Il avoua avoir tardivement « pris conscience que ces deux registres, professionnel et familial, ne fonctionnent pas comme des vases communicants » et que conjuguer vie professionnelle et vie familiale était possible sans rien y perdre. Mais dans une nouvelle alchimie qui consistait à accepter de ne plus être dans la satisfaction immédiate, pour s'efforcer de prendre sa place dans la famille et d'y instaurer des règles cohérentes. Des règles aussi contraignantes pour lui, le père, que pour ses enfants et que, de toute évidence, il découvrait et intégrait au même rythme qu'eux.

J'ai revu une dernière fois Régis pour lui permettre d'exprimer son point de vue sur les changements intervenus dans sa famille. Il entre dans mon bureau, tonique et souriant. Je l'interroge : « Est-ce que tu te sens toujours plus fort que tes parents ? » « Oh non ! J'aime mieux comme ils sont maintenant. Ils m'aident à faire moins de colères », me répond-il.

Pendant notre échange, très à l'aise, Régis se met à dessiner. Je comprends qu'il préfère, comme de coutume, me délivrer son message en images plutôt qu'en mots.

Son dessin terminé, il me l'interprète : « C'est un rêve que j'ai fait. C'est moi sur un dromadaire. Je me suis perdu dans le désert, mais des gens me retrouvent. On me ramène chez moi en avion. Mes parents me font une grande fête ! »

N'était-ce pas sa manière à lui d'exprimer une victoire ? Être perdu, puis retrouvé, et fêté comme un héros qui a surmonté une épreuve... J'étais désormais rassurée sur le devenir de cette famille qui avait su se réinventer sur des bases plus réalistes. Les difficultés exprimées par Régis avaient mis ses parents en demeure de régler leurs propres problèmes, hérités de l'enfance et restés en suspens.

Le père de Régis était parvenu à se poser comme tel, c'est-à-dire comme un adulte responsable de ses enfants et différent de sa femme, tout en prenant conscience qu'il pouvait « faire équipe » avec elle.

Aussi proche et « maternant » soit-il, le père ne sera jamais l'équivalent de la mère. Le tout-petit ne s'y trompe jamais, qui perçoit très bien la différence des soins apportés par son papa et sa maman, cette façon unique qu'a chacun de le porter et d'échanger avec lui ! En complémentarité avec la mère, le père a un rôle et une fonction que l'on peut définir en trois pôles coexistants : le père géniteur et/ou qui inscrit l'enfant dans sa filiation ; le père symbolique, gardien de la loi ; le père transmetteur, celui qui propose un modèle d'intégration dans la société auquel l'enfant peut s'identifier. La relation qu'il construit jour après jour avec ce dernier est d'autant plus fondamentale qu'elle se passe essentiellement « dans la tête », contrairement à la femme pour qui le passage à la maternité s'expérimente « dans le corps ». Elle s'inscrit également, comme pour la mère, dans une réflexion sur les freins éventuels surgis de l'enfance à l'occasion de la naissance du bébé : pour les parents de Régis, comme pour bien d'autres, la peur de se repositionner face à leur enfant a pour origine des relations difficiles, douloureuses, avec leurs propres parents. Relations dont ils ne sont pas distanciés. Dans *L'Amour et la Haine*, Melanie Klein affirme : « Agir à l'égard des autres en tant que bons parents peut être également une manière de se débarrasser des frustrations et des souffrances du passé. »

Le défi qui se pose aux pères aujourd'hui est de parvenir à recomposer leur rôle en se libérant des clichés actuels qui leur font jouer tour à tour au papa et à la maman. L'un l'autre s'annulant, on aboutit à la création d'une forme d'hermaphrodisme mou...

Au fond, quand les pères disent avoir peur de leurs enfants au point d'hésiter à exercer l'autorité sur eux, ne craignent-ils pas en réalité de tomber dans les extrêmes, soit le père psychorigide, soit le père hyperlaxiste ? Il semblerait qu'ils se fourvoient dans un dédale de questionnements qui a pour effet de les paralyser. Il leur serait plus naturel d'oser être un modèle viril pour leurs enfants, et non plus une figure inconsistante. Ce qui n'exclut ni la spontanéité ni la tendresse ! Se faire respecter n'est pas antinomique d'aimer et de se faire aimer. Il est possible d'être affectueux à certains moments et déterminé à d'autres, tout en restant dans un rôle de père, même lorsqu'il leur faut assurer, après une séparation, une part de rôle nourricier. Ne pas renoncer à être un père avant tout ne devrait-il pas rester leur priorité ? Tant pis si les repas se limitent à faire cuire des nouilles, et si la douche n'est pas toujours quotidienne... Que les mères se le disent et en conviennent !

Et l'enfant dans tout ça ?

Placé au centre des remous qui agitent les familles, il est le spectateur impuissant des aléas de la vie de ses parents. Enfant souhaité dont on comble les désirs, ses besoins essentiels ne sont pas pour autant satisfaits, à savoir le respect, l'attention, le temps, l'éducation au sens d'apprentissage des règles et des limites. Il n'a pas non plus toujours accès à ses origines, dans le cas des naissances avec donneur ou de l'adoption par exemple, et il peut être confronté très jeune à des configurations familiales difficiles et instables. Il n'a d'autre choix que de faire l'effort de s'adapter aux situations qui lui sont imposées.

Alors qu'il semble être relégué avec une certaine désinvolture à la marge de la vie du couple de ses parents lorsqu'ils se séparent, il reste pourtant leur raison d'être. Un paradoxe qui n'est pas sans rapport avec son statut d'enfant « adultisé » : d'un côté, ses désirs sont écoutés, comblés, voire devancés suivant les cas ; de l'autre, il est courtoisement laissé maître de ses choix et on lui demande son avis sur beaucoup de choses, y compris parfois sur ce qui ne le concerne pas. Si bien qu'il peine à quitter ce monde de la petite enfance où il se croit naturellement le roi du monde... Qu'aurait-il à gagner à grandir ?

Toute médaille a son revers malgré tout : il n'en demeure pas moins un enfant qui n'a ni les moyens ni la maturité de décider pour lui-même. Laissé seul face à ces contradictions, à l'ambivalence de ses désirs et à la violence de ses pulsions, il connaît le désarroi du petit roi abandonné sur son trône par ses plus proches conseillers. Dès lors, il fera tout pour qu'on s'occupe de lui en mettant ses parents à l'épreuve, en testant leur résistance et en les obligeant à s'interroger, à agir...

Le moins que l'on puisse dire est que la place qui lui est accordée est ambiguë, dans la mesure où il est à la fois objet d'amour et de craintes pour ses parents. Ses comportements dérangent, ses revendications inquiètent. D'ailleurs, le nombre de consultations pour les enfants et les adolescents ne cesse d'augmenter. Si les parents ont moins de réticences à s'adresser à un spécialiste, leur démarche est équivoque lorsqu'elle ressemble à une demande de « réparation » de ce qui ne va pas selon eux chez l'enfant. Comme s'il n'était plus possible d'envisager que tout enfant normalement constitué traverse des étapes délicates, proteste, transgresse, désobéit... Il devient alors « potentiellement dangereux », ce qui entretient l'angoisse des parents, en partie responsables de la situation.

La désobéissance, en soi, n'est pas mauvaise. Elle est même tout naturellement l'une des activités préférées des enfants qui grandissent en expérimentant le permis et l'interdit. Qui n'a pas de souvenirs de petites ou grosses bêtises commises durant l'enfance, histoire de goûter un peu de liberté ?

Pinocchio, comme tout véritable enfant, accumule les incartades, mû par un sentiment de toute-puissance et des désirs incompressibles. Au point que, sans l'intervention de la fée pour lui rappeler la loi, il serait devenu... un âne !

Cependant, si la désobéissance occasionnelle est normale, la transgression systématique, violente et interminable, signe le mal-être de l'enfant ou de l'adolescent criant sa solitude face au vide éducatif dans lequel il se trouve plongé. Il se transforme alors en revendicateur jamais comblé, perpétuellement insatisfait, persuadé que tout lui est dû.

Axel est un adolescent de quinze ans que j'avais suivi quelque temps, alors qu'il était à l'école primaire, pour des troubles du comportement, une perpétuelle agitation et des difficultés à se concentrer. Son état s'étant amélioré, je ne l'avais pas revu depuis. Il a une sœur plus âgée que lui de quatre ans, très performante sur le plan scolaire.

Il revient accompagné de ses parents parce qu'il se trouve à nouveau en situation difficile dans l'établissement où il a intégré il y a quelques mois la classe européenne bilingue, situation valorisante pour lui. Cependant, ce garçon est considéré comme un élève certes doué, mais perturbateur : il manifeste le besoin permanent de se mettre en avant pour rester le centre de la classe, sans tenir compte des règles de discipline valables pour tous.

Alors qu'un voyage de classe en Italie est programmé pour le printemps, le conseil de discipline a décidé que, compte tenu de ses perpétuelles transgressions doublées d'une attitude insolente,

Axel ne ferait pas partie du voyage, les professeurs craignant de sa part les dérapages dont il est coutumier. Très contrarié par cette sanction « imméritée » à ses yeux, Axel a insisté auprès de ses parents pour qu'ils interviennent en sa faveur auprès du directeur, et se dit prêt pour cela à changer radicalement d'attitude si la sanction est levée. Chantage évident !

Je retrouve devant moi un adolescent au visage renfrogné, qui fait physiquement plus jeune que son âge. Revendicateur, il n'a de cesse de contester la situation d'impasse qu'il a lui-même provoquée, et qu'il justifie à sa façon : « Je n'ai pas confiance en moi, j'ai peur de mes blocages, alors je fais rigoler tout le monde et cela me libère. » Axel a en effet tendance à se dévaloriser en permanence, confirment ses parents. Il répète à qui veut l'entendre : « Je suis nul ! » tout en cultivant l'habitude de se poser en victime d'injustices.

Sur un ton où perce une certaine lassitude, sa mère raconte qu'à leur demande, dans le but de faire lever la sanction, ils ont été reçus tous les trois par le directeur du collège. Axel aurait lancé dès le début de cet entretien aux adultes médusés : « Je ne supporte pas l'autorité ! » La rencontre a alors tourné court…

Le directeur de cet établissement privé, très à l'écoute de ses élèves et de leur famille, insiste sur le fait qu'Axel s'est construit une fausse image qui ne joue pas en sa faveur. Elle agit contre lui dans la mesure où il est devenu de moins en moins crédible, tant aux yeux des autres élèves qu'à ceux des professeurs, déçus par le gâchis de ses potentialités intellectuelles. Car, bien sûr, Axel ne travaille guère et préfère retrouver ses copains pour jouer au basket dans la cité située à la périphérie du quartier résidentiel où il habite. Issu d'un milieu social plutôt bourgeois qu'à sa manière il rejette, Axel a tendance à choisir des amis marginalisés dont il est devenu le leader incontesté. Ce qui a pour effet de le valoriser à ses propres yeux et lui permet de se vanter que ses copains, eux, « l'admirent » sans réserve…

Il est vrai que dans sa famille, l'admiration est focalisée sur la grande sœur, en tout point « parfaite », et qui ne se gêne pas pour le critiquer et l'humilier. Paradoxalement, et sans doute dans la crainte d'être désinvesti par son entourage, il se met en situation d'autopunition, d'autorejet, comme pour confirmer sa famille dans l'impression négative qu'elle a de lui.

Sa mère n'est pas dupe des ratés de son éducation : « Axel ne connaît pas l'effort et n'a aucune volonté. Il est dans un consumérisme jamais satisfait mais dont il fait profiter ses copains défavorisés... non sans en tirer un certain bénéfice pour son image. Si, à l'extérieur, il campe dans un rôle de leader, à la maison il redevient un gamin capricieux, toujours en colère contre nous, dans une violence verbale qui nous pétrifie. Il arrive à chaque fois à ses fins car nous lui avons depuis toujours trouvé des circonstances atténuantes. Lassés, son père et moi finissons par renoncer à le contrer, par crainte d'une escalade qui l'a déjà mené, à plusieurs reprises, à fuguer de la maison pour se réfugier dans la famille d'un copain. »

Peu loquace, le père d'Axel fait preuve d'une attitude passive, très en retrait de celle de sa femme à laquelle il semble déléguer une « autorité » toute relative face à leur fils. Du reste, il finira par convenir ne pas savoir comment agir ni s'imposer à Axel du fait de l'éducation très répressive qu'il a subie pendant son enfance et qui l'a, avoue-t-il, « littéralement cassé ». « À la rigueur, je sais négocier, mais je ne peux rien imposer. Axel n'est pas dupe et il en profite. »

En réaction à ce vide éducatif, puisque rien ni personne ne lui résiste, Axel fonctionne dans une escalade de provocations pour tester la capacité de son environnement à réagir.

Or c'est bien ce que les enseignants ont compris de ses comportements à risque, et c'est la raison pour laquelle ils ont décidé de sanctionner son attitude de toute-puissance qu'il a conservée de la petite enfance.

Le directeur a confirmé aux parents que la décision était sans appel. Axel, totalement désemparé par la détermination d'un adulte, éducateur qui plus est, ce dont il n'a pas l'habitude, se trouve enfin confronté à la réalité. Une réalité dont il est lui-même l'artisan dans son acharnement aveugle et pathétique à se saborder. Il doit aussi affronter une grosse déception : ses camarades de classe, sur lesquels il se vantait d'exercer une grande influence (« Je suis tellement populaire qu'ils vont faire une pétition ! »), ne manifestent qu'une cruelle indifférence...

Ses parents se disent soulagés de la sanction prise par l'école, à laquelle ils ont délégué un rôle éducatif qu'ils ne parviennent pas à assumer. À ce propos, sa mère me fait un jour remarquer, avec humour : « C'est un véritable *statut* d'être ado! Cela suppose que les parents aient un diplôme d'éducateur spécialisé. Avant, les enfants avaient des maladies infantiles. Maintenant qu'ils sont vaccinés, ils sont malades de l'adolescence... Cette période devient critique pour tout le monde, la famille, les professeurs... » Son fils l'interrompt : « Mais, maman, je suis dans ma crise d'ado! À vingt ans, ce sera fini! » « Plus que cinq ans à patienter! » lui rétorque-t-elle avec malice.

Ainsi, le manque d'exigences et de limites de la part de ses parents contribue-t-il à insécuriser l'adolescent ; pour se sentir exister, seule lui reste cette opposition massive, expression d'un malentendu entre ses attentes et le laxisme familial. Face à sa solitude, le petit tyran se retrouve dans la position d'un jeune roi abandonné...

À la faveur de cette épreuve, Axel prendra conscience de sa responsabilité dans cette affaire ; dans le même temps, prenant exemple sur l'école, ses parents réaliseront en quoi leur propre comportement s'avérait destructeur pour leur fils.

L'adolescent qui a peur s'enferme dans des comportements hostiles, remarque à juste titre le pédopsychiatre Philippe Jeammet : « Face à un adulte trop laxiste, un enfant ne peut que rester prisonnier de ses contradictions internes, sans autre valorisation structurante que la quête répétée de satisfactions passagères dans lesquelles il risque de s'enfermer[1]. »

L'un des principaux griefs des adultes à l'encontre des enfants concerne leur indiscipline, leur indocilité. Mais qu'est-ce que l'obéissance? Avant, elle s'appelait soumission. Il n'était pas question d'enfreindre les interdits paren-

---

1. Jeammet Philippe, *Pour nos ados, soyons adultes*, Odile Jacob, 2008.

taux sous peine de s'attirer les pires châtiments, comme le rappelle une vieille comptine, « Sur le pont de Nantes » : la mère d'Adèle lui a interdit d'aller au bal. Qu'à cela ne tienne, la jeune fille ira quand même, grâce à la complicité de son frère. Hélas, le pont s'effondre sous les pas des danseurs et Adèle et son frère se noient dans le fleuve... « Voilà le sort des enfants obstinés ! » conclut la chanson.

L'ancienne soumission aveugle à un autoritarisme à la mode Le Quesnoy, qui ne respecte pas l'enfant mais l'écrase ou le pousse à la révolte, a heureusement été mise au rang des archaïsmes. Dans le même élan cependant, l'idée d'obéissance est devenue suspecte, semblable à un carcan totalement contraire à l'idée d'épanouissement. Or soumission et obéissance n'appartiennent pas au même registre. L'obéissance est le respect d'une autorité bien assumée, clairement énoncée par l'adulte pour être adaptée aux besoins de l'enfant, et qui prend sens pour ce dernier : celui d'être protégé, y compris dans sa liberté. « Tu peux ne pas être d'accord avec la loi, mais tu dois la respecter. »

La mise à l'épreuve du rôle des parents

Les adultes sont des « passeurs de la loi ». L'un de leurs devoirs est d'apprendre à leurs enfants les règles et les obligations qui forment les repères de notre société, afin qu'il soit possible de vivre ensemble : résister à ses pulsions, intégrer les interdits, respecter l'autre... Mais qui dit loi dit également autorité et annonce la possibilité de sanctions. Or les parents confondent trop souvent l'autorité et l'autoritarisme, le respect dû à l'enfant et les exigences parentales, tout autant légitimes. Face aux provocations répétées de l'enfant, qui teste leur résistance mais aussi sa propre toute-puissance, les parents ne savent plus quelle attitude adopter. Doivent-ils punir ? convaincre par le raisonnement ? céder pour éviter le conflit ? Bien souvent, la négociation à l'infini leur semble préférable à l'exercice de la loi parentale, jugée coercitive et arbitraire.

Dans leur volonté d'éviter toute erreur susceptible d'être néfaste pour leur enfant, ils en viennent à compliquer les petits faits de la vie quotidienne, qui n'en méritent pas tant : il refuse d'avaler ses légumes, de sortir du bain, de s'habiller, de ranger sa chambre, de se coucher... Situations banales que connaissent tous les parents, mais auxquelles ils ont parfois du mal à répondre tant ils sont imprégnés par la crainte de mal faire et de devoir, également, affronter la détermination de leur progéniture. Que d'angoisses derrière tout cela ! Le bon sens le plus élémentaire en est oublié, l'instinct annihilé. Par ses comportements et son opposition, l'enfant contraint en permanence ses parents à douter d'eux-mêmes.

Violette, onze ans, vient consulter en compagnie de ses parents pour une phobie scolaire et des maux de ventre très invalidants. Elle ne va plus à l'école. Une série d'examens médicaux n'a rien révélé qui puisse expliquer ses douleurs abdominales. Elle est grande, fine et délicate, déjà préadolescente. Ses résultats à l'école ont toujours été excellents et, selon ses professeurs, ses capacités intellectuelles sont indéniables.

Elle garde une attitude mutique et délibérément opposante, méfiante à mon égard... À ce que me racontent ses parents, il semblerait que le déclenchement de sa phobie soit lié à leur situation actuelle : ils travaillaient ensemble et ont pris une année sabbatique à la rentrée scolaire. Le papa de Violette se remettant alors à peine d'un accident cardio-vasculaire sérieux dû au surmenage, les médecins lui ont imposé l'arrêt momentané de son activité professionnelle.

Violette, fille unique, a souffert de problèmes de santé précoces justifiant de nombreuses hospitalisations. Ainsi expliquent-ils leur tendance à la surprotéger... Argument qui déclenche chez l'adolescente une réaction violente et inattendue : « Ce n'est pas le problème, d'ailleurs je ne suis pas malade!» clame-t-elle avec véhémence.

Pendant que nous parlons, Violette interrompt ses parents avec agressivité, tandis qu'eux lui répondent avec ménagement, comme s'ils craignaient plus que tout de devoir l'affronter. Situation qu'ils avaient d'ailleurs évoquée à demi-mot lors de la prise de rendez-vous. La tension est telle que je propose à Violette de la voir seule, sans ses parents. Elle accepte sans enthousiasme, alors que ses parents semblent soulagés d'échapper à une nouvelle et éprouvante confrontation avec leur fille. « Mes parents se trompent quand ils parlent de blocage à propos de l'école. En fait, je ne veux tout simplement plus aller en classe! D'abord, parce que je n'aime pas les élèves, et aussi parce que je m'ennuie en cours! Et puis, mes parents restent à la maison ou vont se promener. Ils se paient du bon temps pendant que moi je bosse à l'école. Je ne vois pas pourquoi je serais obligée d'aller travailler et pas eux»!

Manifestement, Violette cherche à s'identifier à ses parents, tout en faisant ce qu'elle peut pour leur résister et, en prime, pour les culpabiliser... D'ailleurs, pendant que ses parents me racontent la situation, Violette (sur ma proposition) dessine sa famille, en choisissant pour seule et unique couleur le violet... Comme si cette couleur donnait le ton à toute la famille (animaux compris), preuve de sa toute-puissance en une sorte de projection d'elle-même comme étant le centre de l'univers familial.

Je m'interrogeais: Violette n'utilisait-elle pas son rejet de l'école pour surveiller l'état de santé préoccupant de son père et se caler à son rythme? Comme si la vigilance qu'elle exerçait en étant présente à la maison devenait une garantie de son intégrité physique à lui! À l'inverse, cette situation pouvait tout aussi bien renvoyer Violette à sa maladie précoce, dont elle réveillait le souvenir par l'intermédiaire de ses douleurs abdominales, sorte de réactivation de sa dépendance de bébé à ses parents et de leur mobilisation à son égard.

Qu'elle soit parentifiée (c'est-à-dire se considérant comme le parent de ses parents), ou régressée à l'état de bébé, Violette se trouve de toute façon dans une impasse dont la phobie scolaire représente sans doute le symptôme majeur.

À la séance suivante, Violette arrive pliée en deux par de violents maux de ventre qui rendent impossible tout dialogue. Je lui propose alors de s'allonger sur le divan de mon bureau, ce qu'elle accepte avec empressement. Elle s'endort en position fœtale, pendant que sa mère me fait le bilan de leurs relations chaotiques de la semaine. À la fin de la séance, fraîche et dispose, elle se relève tout étonnée de ne plus ressentir de douleurs et repart avec une maman soulagée de ne pas avoir besoin une fois encore de faire appel au médecin.

Son retrait dans le sommeil et le bénéfice qu'elle en avait tiré apportaient un certain crédit à l'hypothèse évoquée plus haut, à savoir la nécessité pour elle de régresser à l'état de bébé malade, lorsqu'elle était encore l'unique préoccupation de ses parents. Il est probable que, depuis l'accident de son père, l'intérêt s'était décentré de Violette sur lui, la reléguant dans un rôle secondaire: elle n'était plus la reine!

La séance suivante s'engage sous de mauvais hospices: Violette semble être venue cette fois contrainte et forcée et me le fait aussitôt sentir: à ma question «Comment vas-tu?», elle répond sur le mode provocateur: «Cela ne vous regarde pas!» Je reconnais là le ton agressif qu'elle emploie avec ses parents. Or ma réaction sera différente de la leur: je ne cherche pas à désamorcer le conflit à n'importe quel prix, et lui déclare d'emblée que si elle me parle sur ce ton et refuse tout dialogue, cela ne m'intéresse pas de perdre mon temps ni le sien, de sorte que je ne vois pas l'intérêt de continuer à nous voir!

Surprise et déstabilisée par ma réaction qui laisse entendre que je ne compte pas me laisser manipuler comme elle le fait d'habitude avec ses parents, elle se reprend et confirme que, n'ayant plus mal au ventre depuis la dernière séance, elle souhaite arrêter là sa psychothérapie. Je lui fais remarquer que rien n'est résolu pour autant quant à son blocage scolaire... Mettant un terme à la séance, je propose à ses parents, qui patientaient dans la salle d'attente, de venir à la prochaine séance à la place de leur fille, de façon à ce qu'on fasse le point ensemble, ce qu'ils acceptent volontiers. J'envisageais de leur faire comprendre combien Violette aurait besoin de limites fermes, seules aptes à resituer sa place dans la famille et à éviter qu'elle ne se comporte en petit enfant tout-puissant...

Lorsque j'ouvre la porte de mon bureau la semaine suivant notre

« rupture », je suis surprise d'apercevoir Violette, accompagnée de son père. Elle m'adresse un sourire radieux et me suit avec empressement, car, dit-elle, elle a beaucoup de choses à me dire… Elle me parlera de son amour pour les animaux et l'éthologie, passion dont elle compte bien faire son métier plus tard. Ses idées, innovantes et réalistes, dénotent une certaine maturité pour son âge. Qu'elle puisse ainsi se projeter dans l'avenir m'apparaît comme un signe positif, et je l'écoute avec intérêt et empathie. Elle prend elle-même l'initiative du rendez-vous suivant. Quelques séances très denses nous conduiront, à la veille des grandes vacances, à envisager qu'elle puisse reprendre les cours à la rentrée…

Lors de notre dernière séance, elle dessine une tête de cheval, très aboutie, en remerciement à mes « loyaux et fidèles services », selon sa propre expression ! Nous décidons ensemble de l'encadrer et de l'exposer dans mon bureau jusqu'à la rentrée scolaire où nous devons nous revoir. Ce que j'interprète comme un signe appréciable de son implication et de la confiance dont elle me gratifie en me laissant en gage ce qu'elle a de plus précieux, son poney…

Quelque temps plus tard, sa mère me contacte par téléphone pour me donner des nouvelles de sa fille : elle a constaté que « Violette est moins abrupte et plus conciliante. Elle ne cherche plus l'affrontement et accepte mieux les limites ». Elle aurait récemment dit à ses parents : « J'ai failli perdre ma confiance en vous ! » Sa mère m'avoue : « J'ai confondu cadre et aliénation et j'ai enfin compris que l'on peut fixer des limites sans être agressif. » J'interviens pour lui préciser : « Il suffit d'être déterminé. » Et la maman d'ajouter : « Oui, il faut s'affirmer avec bienveillance et fermeté, et ne pas lâcher. »

En réalité, pour les parents de Violette comme pour bien d'autres, derrière l'argument conscient de ne pas contrarier leur enfant, se cache une peur plus profonde : celle de perdre l'amour de ce dernier en s'opposant à ses pulsions et à ses exigences tyranniques. D'où leur tendance à éviter toute forme de conflit et à rester coûte que coûte dans la maîtrise de soi, au risque de s'enfermer dans un constat d'impuissance…

Lorsqu'il s'oppose, l'enfant ne rencontre alors aucune résistance. Quoi de plus angoissant? «Pour devenir soi, il faut s'opposer à un pouvoir», rappelle le philosophe André Comte-Sponville, pour qui l'éducation se résume à trois mouvements essentiels: «l'interdiction, la transgression et la sanction». Si le conflit est nécessaire aux enfants, c'est parce qu'il leur permet de se structurer et d'expérimenter leur liberté. Mais à la condition qu'ils trouvent face à eux des adultes capables de leur dire «Stop!». En son temps, Freud a développé le concept du Surmoi, agent critique des pulsions (ce que l'on pourrait appeler «le sens moral»), comme étant «le résultat de l'intériorisation des interdits parentaux». Il permet à l'enfant, en quelque sorte, de tenir progressivement compte des autres en s'identifiant à ses parents.

> Camille, huit ans, consulte car elle maltraite sa petite sœur de cinq ans, dont elle est extrêmement jalouse. Elle tyrannise également sa mère par ses caprices et ses colères. Je suis témoin d'une scène dans mon cabinet où, furieuse d'avoir raté son dessin, elle hurle et donne des coups de pied rageurs dans les meubles de mon bureau. Sa maman reste impassible. Folle de colère, Camille se jette sur elle, la tape, la pince méchamment, sans susciter davantage de réaction! «Cela lui passera si elle voit que ça ne me fait rien», se justifie sa maman. Est-ce bien sûr? Sa passivité n'encourage-t-elle pas le comportement agressif de sa fille? Si sa mère a choisi d'éviter le conflit, Camille, elle, aurait plutôt besoin d'être confrontée aux limites de ce qui est acceptable ou non. Ce dont j'essaierai de faire prendre conscience à sa maman, qui se fourvoie en pensant éviter le pire, alors que si personne ne lui résiste et que rien ne le contient, l'enfant se trouve comme projeté dans un vide angoissant. Cela ne fait qu'augmenter sa violence et ne l'aide pas à apprendre à se maîtriser, une des priorités de l'éducation.

Derrière ce type de réaction des parents, se cache en outre la peur de ne pas être un parent parfait. Comme si le parent parfait avait obligation de se maîtriser à la place de son enfant, pour lui épargner l'effort d'apprendre à se contrôler ! Or inventer une nouvelle autorité parentale, qui ne ressemble ni à l'autoritarisme borné des Le Quesnoy, ni au laxisme démesuré des Groseille, implique que l'on trouve le juste milieu pour une cohérence éducative. Il serait souhaitable également d'abandonner le projet démesuré de perfection, de la norme plaquée que la société propose trop souvent aux parents. Il y a différentes manières d'exercer son rôle parental, tout en aimant ses enfants. Reste un seul impératif : ne pas se laisser déborder et imposer des règles pour qu'ils se construisent, tout en leur accordant suffisamment de liberté pour qu'ils s'autonomisent et s'épanouissent. Montesquieu déclarait dans *L'Esprit des lois* : « La liberté est le droit de faire tout ce que les lois permettent. » Il s'agit là d'un ajustement au quotidien, jamais défini une fois pour toutes, puisque toujours soumis à des variabilités selon l'âge, le tempérament et les circonstances. C'est aussi une dynamique en soi, un éternel renouvellement au fil du temps.

En choisissant d'éviter les conflits à tout prix, les parents se donnent l'illusion d'être parfaits et entretiennent en miroir cette même illusion chez leurs enfants. « Le désir de perfection est un mécanisme de défense contre l'angoisse, affirme le psychiatre Boris Cyrulnik. Pourtant, la seule perfection qui existe, c'est l'imperfection ! C'est le fait de ne pas être parfait qui autorise l'évolution, c'est-à-dire l'adaptation à des environnements sociaux, familiaux, écologiques, qui sont tout le temps en train de changer. C'est très sécurisant pour un enfant d'avoir un parent qui cherche à faire bien, à faire mieux, et qui avoue son imperfection[1] ! » Et qui devient ainsi un exemple : « L'enfant se développera le long d'un tuteur de

---

1. Interview disponible sur le site www.elle.fr.

développement affectueux, aimant et... imparfait ! En plus, cela lui permet de se dire : "Moi aussi je peux me permettre de n'être pas parfait, à la condition d'avouer à mes parents que je vais quand même chercher à faire bien, donc à faire mieux puisque je suis imparfait." C'est ainsi que l'on grandit [1]. »

Avoir peur de son enfant, c'est ne pas croire en sa capacité de s'améliorer, c'est aussi ne pas se respecter dans le rôle évolutif de parent.

---

1. *Ibid.*

3

Peur de ne pas lui donner les atouts pour réussir ?

Aider son enfant à épanouir l'ensemble de ses potentialités afin qu'il devienne, plus tard, un adulte heureux, bien dans sa peau et sûr de ses talents, voilà le nouveau défi qui se pose aux parents du XXIᵉ siècle! La quête du bonheur passe aujourd'hui par l'accomplissement de ce qui fonde l'individualité et l'originalité de chacun. Mais la réalité économique accorde encore et toujours la priorité au bon parcours scolaire, seul capable d'assurer un avenir à l'enfant. Plus qu'un simple malentendu, il faut voir là une ambiguïté majeure: tiraillés entre deux projets d'autant plus pesants qu'ils sont aléatoires, les parents se retrouvent piégés au centre des contradictions de notre société. De quoi leur donner des cauchemars!

Le cauchemar de l'échec scolaire

De nombreux enseignants en sont persuadés: les élèves dont les parents ne sont pas suffisamment impliqués risquent l'échec scolaire. Que cette assertion soit vraie ou non, elle éclaire sous l'angle de la responsabilité parentale une situation de malaise général qui dépasse le seul cadre de la famille. À propos de l'institution scolaire, on entend surtout parler d'illettrisme, d'ennui et d'incivilités... dès la maternelle! Un véritable désarroi collectif face à un système scolaire en lente décomposition, dans un pays en crise qui peine à faire de la place aux jeunes diplômés sur le marché du travail et dont sont exclus, de ce fait, les jeunes sans qualification.

Donner régulièrement un coup de pinceau sur les programmes et les pédagogies, serait-ce la seule solution envisageable? La réformite aiguë dont souffre l'école depuis des décennies – c'est-à-dire à chaque changement de ministre de tutelle – a de quoi donner le bourdon, aux parents comme aux enseignants! La durée de vie d'un portefeuille ministériel étant d'environ deux ans, on n'en finit plus de réformer la réforme précédente, chacun y allant d'idées présentées comme «novatrices», alors qu'elles ne font en réalité qu'ajouter un peu plus de confusion. À l'anti-autoritarisme d'après mai 1968 a succédé la pédagogie socioconstructiviste, théorie stipulant que les savoirs se construisent essentiellement par l'observation et l'expérimentation. C'est la fameuse injonction «l'enfant doit être mis au centre de ses apprentissages», qui vient d'être indirectement remise en cause avec l'exigence du «retour aux fondamentaux», sans que l'on sache d'ailleurs très bien de quoi il retourne... Force est de constater qu'il semble impossible de rénover un système éducatif cramponné au sempiternel principe des résultats scolaires, seuls critères de réussite, et à l'enseignement de masse, identique pour tous les élèves. Va-t-on ainsi «replâtrer» indéfiniment notre système éducatif?

Dans cette situation de blocage et de tension entre l'école et la société, les parents sont trop souvent désignés comme les principaux responsables: trop laxistes, trop absents, trop «consuméristes», voire irresponsables... La supposée défection parentale est avancée comme le facteur numéro un de l'échec scolaire et de la montée des violences au sein de l'école.

La tension entre les professeurs et les parents est souvent aiguë, comme en témoigne cette blague qui circule sur le Net entre enseignants : « Bonjour, vous êtes bien sur le répondeur de l'école de votre enfant. Dans le but de mieux répondre à vos besoins et de vous adresser à la bonne personne, nous vous prions d'écouter le message suivant : "Pour mentir au sujet de l'absence de votre enfant, faites le 1 ; pour excuser le fait que votre enfant n'a pas fait son devoir, faites le 2 ; pour vous plaindre de ce que nous faisons, faites le 3 ; pour demander la démission d'un professeur, faites le 4 ; pour demander pourquoi vous n'avez pas reçu les documents qui étaient déjà inclus dans votre lettre de convocation ainsi que dans le bulletin précédent, faites le 5 ; si vous voulez que nous élevions votre enfant à votre place, faites le 6 ; pour demander que votre enfant change d'enseignant pour la troisième fois cette année, faites le 7 ; pour vous plaindre du transport scolaire, faites le 8 ; pour vous plaindre de la cantine, faites le 9 ; si vous réalisez que vous êtes dans le monde réel et que votre enfant et vous-même devez être responsables de vos actions, vous pouvez raccrocher"... » Tout est dit sur l'incapacité des parents à être des éducateurs responsables aux yeux de l'institution ! Il est vrai que certains râlent pour un oui ou pour un non, accablent les enseignants de leurs récriminations, quand d'autres se désintéressent totalement du sort de leurs enfants. Mais il s'agit d'une minorité. La majorité souhaite garder sa confiance en l'école et rêve d'un partenariat constructif. Ainsi, lors du vaste débat sur l'école organisé entre septembre 2003 et mars 2004, parmi les pistes suggérées pour la réussite des élèves figure un large consensus autour d'une dimension éducative « partagée avec les enseignants ».

Dans cet antagonisme latent entre l'école et les parents, on se demande si, finalement, ces derniers ne serviraient pas de boucs émissaires aux incohérences du système...

Car, s'il est une chose que les parents craignent jusqu'au fond des tripes, c'est bien que leur enfant se révèle un piètre élève... Cette inquiétude, même hypothétique, produit un éventail de symptômes: certains parents désinvestissent l'école, fuyant ainsi ce qui les fait souffrir, quand d'autres, au contraire, accentuent leur pression sur l'enfant-écolier; le choix d'un bon établissement tourne au casse-tête cornélien; au moindre accroc, l'enfant est traîné chez l'orthophoniste, le psychomotricien, puis chez le psychologue, où il passera des tests de QI. On ne sait jamais: son attitude de cancre pourrait masquer une précocité intellectuelle ignorée...

Ces dernières années, le nombre des cours de rattrapage dispensés aux écoliers en difficulté a fait un bond spectaculaire. Les organismes de soutien scolaire, dits aussi de «remise à niveau» (expression révélatrice!), ploient sous la demande et sont devenus des institutions fort rentables, drainant dans leurs filets, à coups de matraquage publicitaire, cohorte de parents culpabilisés et inquiets pour l'avenir de leur enfant. Dans cette inflation au recours à une aide extérieure, on mesure, au-delà des failles de notre système éducatif, l'angoisse des parents et leur acharnement quasi désespéré à vouloir prévenir toute faiblesse, toute défaillance qui risquerait de plonger l'enfant dans l'échec scolaire. Autant dire dans un gouffre sans fond...

Une angoisse qui s'accompagne d'un sentiment d'impuissance, d'incompétence et de culpabilité. D'une façon générale, s'il leur arrive de douter du savoir-faire de l'école, les parents n'ont surtout plus confiance en leurs capacités d'assurer un avenir professionnel correct à leur enfant. D'autant que l'avenir de celui-ci ne se décide plus en famille, mais à l'école, en termes de résultats scolaires. D'autant qu'ils peuvent avoir eux-mêmes mal vécu leur propre scolarité.

Là se cristallisent sans doute les tensions entre parents et professeurs : aux craintes de ces derniers d'une intrusion dans leur domaine, la pédagogie, fait écho la peur des premiers d'être mal jugés. L'école, en effet, a normalisé le rôle parental en créant deux catégories de parents : les « bons », ceux qui s'investissent dans la scolarité de leur enfant, se rendent aux convocations et ne se mêlent surtout pas de pédagogie ; et les « mauvais », ceux qui ont la critique facile, sont volontiers revendicateurs et ont souvent, comme par hasard, un enfant en difficulté scolaire...

Ainsi met-on paradoxalement les parents au centre des responsabilités éducatives tout en délégitimant leurs compétences. À se demander finalement qui, à l'école, de l'adulte ou de l'enfant, est le véritable élève... D'ailleurs, lorsqu'un élève pose un problème, il n'est pas rare que ses parents subissent un véritable interrogatoire : veillent-ils à ce que l'enfant fasse ses devoirs chaque soir ? L'atmosphère familiale n'est-elle pas trop perturbante ? L'enfant dort-il suffisamment, mange-t-il correctement ?...

Dans cette situation d'infantilisation et de défiance, il est facile d'imaginer combien les parents peuvent se sentir agressés par les remarques, les attitudes, les jugements parfois terriblement maladroits portés sur leur enfant... Blocages, manque de dialogue et de respect mutuel ne font qu'amplifier les angoisses et les craintes des parents et de l'enfant lui-même.

En effet, à la normalisation du rôle de parents d'élève fait écho la standardisation de ce dernier. Il est curieux de constater à quel point l'écart est grand entre ce que l'enfant vit à la maison et en classe. À l'école, il cesse d'être unique pour être fondu dans la masse, dans la norme. En classe, il est dépersonnalisé, peu écouté, peu accompagné. Lorsqu'il

« déraille », on le contraint à changer de voie selon les aiguillages complexes, obscurs même, de l'orientation scolaire, sans qu'il lui soit toujours demandé son avis ni celui de ses parents.

> Julie a toujours été une bonne élève. En seconde cependant, quelques mois après son entrée au lycée, elle traverse une période de découragement profond et de rejet de la pression mise par ses professeurs, dont elle se plaint fréquemment : « J'en ai marre qu'on me parle sans cesse du bac ! » Julie ne parvient plus à travailler. Ses notes chutent dans toutes les matières. Hélas, la baisse de ses résultats survient au mauvais moment, celui où les élèves doivent choisir une filière. Sa professeure principale lui suggère un bac technologique : « Faire un bac général sera trop difficile pour toi, tu ne pourras pas suivre », assène-t-elle. Julie est désespérée, ses projets d'avenir sont anéantis. Néanmoins, elle pense que ses professeurs ont sans doute raison : elle est trop « mauvaise » pour prétendre à préparer le baccalauréat ES, comme elle le souhaite.
>
> Ses parents ne l'entendent pas ainsi. Sa mère prend aussitôt rendez-vous avec la professeure principale. Ses protestations sont vigoureuses : « Aucun des professeurs de ma fille ne s'est-il donc inquiété d'une baisse brutale des résultats chez une élève jusqu'ici sans problème ? Lui avez-vous demandé quels sont ses projets d'avenir ? » La mère se fait plus catégorique encore : « Son père et moi savons notre fille capable de réussir en ES ! » Soit. Les professeurs s'inclinent, non sans brandir l'éventualité d'un échec scolaire accablant pour l'adolescente. Julie est admise à l'arrachée en première ES. Reprenant confiance en elle grâce au soutien de ses parents, ses résultats remonteront progressivement, et elle passera brillamment son baccalauréat…

Mais pour une Julie « sauvée » du laminage scolaire, combien d'élèves malmenés par manque de soutien, orientés par défaut dans une voie qu'ils n'ont pas choisie par des professeurs persuadés de mieux les connaître que leurs propres parents ?

Force est de constater que l'école ne sait pas « gérer » les élèves en difficulté : elle élimine à tous les niveaux en les orientant par défaut, aussi bien en ZEP que dans les établissements élitistes. On en oublie qu'aucun enfant ne souhaite rater sa scolarité. Tous rêvent de réussir.

Face aux enseignants, les parents n'osent pas toujours prendre la défense de leur enfant. Par crainte d'être mal jugés, c'est-à-dire d'apparaître comme des parents revendicateurs. Il est pourtant légitime qu'ils défendent leur enfant lorsqu'ils sentent qu'il souffre d'une injustice, quelle qu'elle soit. Ils sont alors dans leur rôle. Tout comme il est légitime qu'ils s'interrogent sur le contenu des programmes et sur les objectifs à atteindre ! Favoriser la réussite conjointement à l'épanouissement des enfants, cela ne devrait-il pas être l'objectif de tous les adultes, parents et enseignants ?

Sois le meilleur, mon enfant !

« Tu préfères X ou Polytechnique ? » Le petit garçon auquel s'adresse la question doit avoir huit ou neuf ans. Déguisé en superhéros, il mange avec appétit un bifteck haché dont cette publicité télévisée vante les qualités, indifférent aux préoccupations de sa maman, la laissant rêver à voix haute à son avenir radieux…

Tous les parents forment des projets pour leur enfant, souvent avant même sa naissance. Quoi de plus naturel que de prévoir et imaginer son avenir, le meilleur possible, rêver à une réussite sociale doublée d'une réussite personnelle et sentimentale. C'est avant tout l'amour qui parle, selon l'histoire et les valeurs des parents, et les éventuels écueils rencontrés durant leur propre parcours scolaire, qu'il s'agit alors pour eux d'épargner à leur enfant.

Le projet le plus simple, universellement élémentaire, est

porté par le personnage de Gepetto. Le vieil homme ne désire rien d'autre pour son enfant qu'une solide instruction, passeport pour son insertion future dans le monde des adultes. « Un bon métier », voilà ce qu'il faut à Pinocchio pour qu'il échappe à la condition misérable de son père ! Pour cela, Gepetto vend son manteau afin d'acheter un alphabet. Un sacrifice touchant tant il témoigne de l'amour d'un père pour son fils et des espoirs qu'il fonde sur sa capacité à se forger un meilleur destin que le sien.

Dans *La vie est un long fleuve tranquille*, le projet parental du couple Le Quesnoy est bien plus complexe et contraignant : les enfants doivent se montrer en tout point exemplaires, être de bons élèves, de bons enfants et de bons chrétiens. Dans ce but, le moindre détail de leur vie quotidienne est calibré, balisé, cadré sans guère d'échappatoire possible, du moins avant que Momo ne vienne en dérégler l'agencement. Pas de place pour la fantaisie, l'initiative individuelle ni la moindre velléité d'indépendance dans cette véritable prison morale !

À l'inverse, les parents Groseille ne forment strictement aucun projet pour leurs enfants. Comment pourrait-il en être autrement d'ailleurs, chez ces adultes qui n'en sont pas et vivent au jour le jour, guidés par la satisfaction immédiate de leurs désirs, comme de jeunes enfants ? Ou bien, si projet il y a malgré tout, on pourrait le résumer en une injonction : « Débrouillez-vous ! »

Et les parents d'aujourd'hui ? Souvent, ils semblent osciller entre ces deux extrêmes, sans trop savoir où mettre le curseur entre la réussite scolaire et l'autonomie de l'enfant, l'une des clés, dit-on, de son épanouissement. Lorsqu'ils sont interrogés, la plupart déclarent souhaiter avant tout pour leur progéniture « le bonheur », « être bien dans ses baskets », « savoir se débrouiller dans la vie ». Vœux conscients – et tout à fait louables –, qui masquent une autre réalité : la primauté, encore et toujours, donnée au bon parcours scolaire, et donc à la réussite sociale en termes de prestige, de pouvoir et d'argent. C'est bien cette réalité-là que caricature ce message publicitaire télévisé où un futur polytechnicien déguisé en superman alimente ses forces vives à grand renfort de viande hachée !

S'épanouir grâce à la réussite sociale reste de fait l'un des grands mythes de notre société. À l'école, seuls comptent la compétition et le souci de la performance, aux dépens du respect du rythme de chaque enfant, de son développement personnel et de sa relation aux autres. Aux dépens, également, de son originalité : la différence, le hors-normes, dérange et inquiète.

L'exigence de réussite, qui vient tant des parents que des professeurs, pèse lourd sur les épaules des écoliers. On assiste, ces dernières années, à une augmentation d'enfants souffrant de stress, de phobie scolaire ou encore de dépression. Globalement, le discours qui leur est tenu se résume en peu de mots : « Si tu rates tes études, tu ne seras rien ! » Et, pour qu'il soit bien compris et assimilé, on ne cesse de pointer leurs « erreurs », leurs « fautes ». Il serait pourtant plus constructif de relever leurs progrès, leurs réussites, de valoriser leurs atouts, de parier sur leurs capacités d'évolution. Ils sont, ne l'oublions pas, en devenir !

Au lieu de cela, l'angoisse de l'échec contraint les parents à s'interroger inlassablement : « Comment rendre mon enfant le plus performant possible ? »

L'idée générale est qu'il faut commencer jeune, très jeune. « Plus tôt on commence, mieux on se porte ! », c'est un lait pour bébés enrichi en fer et judicieusement baptisé « Éveil » qui l'affirme. Au vu des remarquables capacités d'apprentissage révélées par les recherches scientifiques sur le développement cognitif du tout-petit, les plus folles ambitions semblent à portée de la main. Y compris apprendre à lire dès l'âge de trois ans, voire beaucoup plus jeune, si l'on se réfère à la méthode Doman qui a fait fureur aux États-Unis. Désormais, on s'interroge sur « le programme de la crèche » et on lorgne sur les cahiers de vacances, disponibles dès l'âge de trois ans...

Inquiète, une maman me demande conseil à propos de son petit garçon, âgé de trois ans et demi, qu'elle trouve déprimé depuis la distribution en classe des carnets d'évaluation. « Lorsque je suis allée le chercher à la sortie de l'école, je l'ai trouvé recroquevillé dans un coin, la mine toute chiffonnée, raconte-t-elle. Il s'est jeté dans mes bras en pleurant et il m'a dit qu'il ne voulait plus aller à l'école. Il préférait retourner à la crèche ! »

La maîtresse venait de lire à haute voix en classe les commentaires portés sur le livret de chacun de ses petits élèves. Pas un seul mot valorisant, et une conclusion mortifiante pour le petit garçon : « Dommage que Nicolas soit timide. »

Plus tard, le petit garçon, bouleversé à l'idée que sa maman puisse douter de ses compétences, a protesté : « Je ne peux même pas compter toutes les fois où je parle en classe ! »

Sa mère me décrit également les scènes auxquelles elle a assisté dans la rue : des parents en colère, secouant le livret d'évaluation au nez de leur enfant en larmes, parce que toutes les croix n'étaient pas inscrites dans la bonne colonne...

N'en finira-t-on jamais en France avec cette manie de stigmatiser ce qui ne va pas chez les enfants ? À trois ans et demi, doivent-ils être à ce point regardés « à la loupe » pour qu'on décèle chez eux la moindre microfaille dans leurs compétences ? Comme si, en petite section de maternelle, tout devait déjà être acquis... On tourmente parents et enfants pour des choses qui se régleront d'elles-mêmes avec le temps, instillant de la sorte chez les premiers peur et culpabilité, qui rejaillissent en écho sur les seconds.

Heureusement, il y a des enseignants de maternelle qui

refusent de remplir ces fameux carnets d'évaluation, respectant ainsi les singularités de l'enfant et son droit à évoluer à son rythme.

J'ai recommandé à la maman de Nicolas de valoriser son petit garçon en le félicitant de connaître beaucoup de mots, et en lui assurant qu'en grandissant, il en apprendra bien d'autres encore.

Les activités extrascolaires participent de cette course à la performance. Elles jettent les « mamans-taxis » sur les routes le mercredi et privent les enfants d'un temps précieux pour jouer. Elles ont insidieusement transformé le rôle des parents : ils ne sont plus seulement des éducateurs, les voilà promus « coaches », tendance Pygmalion ! Il s'agit de déceler chez l'enfant un potentiel puis de développer celui-ci. Dans cette mission, les activités extrascolaires sont un outil de révélation incontournable. Pour en user habilement, les parents doivent s'efforcer sans relâche de recueillir les demandes de l'enfant, de les devancer même, et de les interpréter comme on le ferait d'un message crypté. En cas de problème, il n'y a, hélas, pas de mode d'emploi pour y chercher explications et solutions. Comment, par exemple, distinguer un réel potentiel d'une simple foucade chez un enfant qui réclame d'apprendre à jouer d'un instrument de musique, rêve de monter sur la scène d'un théâtre ou de manier le fleuret à l'égal d'un mousquetaire ? Que faire s'il rechigne à poursuivre dans la voie choisie ? Et s'il ne révèle, finalement, aucun potentiel ?

Cette mode du coaching parental pose, au fond, une question bien moins anecdotique : son succès ne reposerait-il pas sur le constat qu'il est malgré tout moins compliqué d'être coach que parent ?

Dans les années 1980, la journaliste Michèle Fitoussi dénonçait déjà cette course à la performance teintée d'un zest de narcissisme parental : « Nous leur voulons aussi le QI d'Einstein dès le jardin d'enfants, le génie musical de Mozart dès la toute première leçon de solfège, le coup de pinceau de Picasso chaque fois qu'ils barbouillent consciencieusement les dossiers de papa, l'humour de Coluche à chaque répartie. C'est avant même leur naissance que commence notre bébolâtrie. Une pratique très en vogue depuis quelques années, depuis que les "psydiatres" de tout acabit ont découvert que les bébés ont une âme. Et même une pensée. [...] Fœtus, ils "écoutent" Beethoven et Bach pour développer leur sens artistique. À un mois, ils sont déjà inscrits à l'École alsacienne, à trois mois nous leur offrons leur premier *Larousse en images*. À quatre, ils barbotent chez les bébés nageurs. Et s'ils n'étudient pas le violon à cinq, ou le chinois à six, c'est que le ridicule nous retient tout juste [1]. »

Au-delà, cette idéologie du parent-Pygmalion révèle également une certaine, et ancienne, défiance pour l'ennui. « L'ennui est entré dans le monde par la paresse », écrivait déjà La Bruyère dans les *Caractères*. Ne rien faire, être « rêveur », « lent », c'est mal.

Or, dans cette frénésie d'activités tous azimuts, on se fabrique du stress sur mesure, tant chez les adultes que chez les enfants. « C'est pas marrant de grandir, on n'a plus le temps de rien faire... », soupire Chloé à la veille de son neuvième anniversaire. Comme beaucoup d'enfants de son âge, entre l'école, le conservatoire municipal de musique, le cours de judo et le centre aéré du mercredi, la fillette passe l'essentiel de son temps hors de chez elle et loin de sa famille. Qu'en est-il du temps partagé ? Qu'en est-il de l'espace nécessaire à l'enfant pour grandir, mûrir à son rythme et semer au passage les graines de ses désirs, apprendre à les exprimer, à les satisfaire... ou à les différer ?

---

1. FITOUSSI Michèle, *op. cit.*

Le diktat du bonheur

« Vivre ne suffit pas, encore faut-il être heureux », écrit Alice Germain dans la préface de *La plus belle histoire du bonheur*. « L'existence n'a de sens et de saveur que si elle devient le lieu et le temps du bonheur. Nous attendons de la vie du bonheur, jusqu'à parfois passer notre vie à l'attendre [1]. »

Le bonheur est une aspiration universelle, la justification même de l'existence. Reste qu'il est une notion particulièrement complexe. De quoi parle-t-on ? De la « chance » en se référant à l'étymologie du mot, « bon heur », signifiant en effet « au bon moment » ? Ou de l'état de bien-être, de plaisir, en espérant que celui-ci soit durable ? Ou bien encore d'une félicité résultant de la satisfaction de nos besoins matériels, réels ou supposés ?

Dans les années 1980 marquées par une montée de l'individualisme, cette dernière option a pris de l'ampleur. Le bonheur est assimilé à un bien « consommable », une valeur sûre dont la cote n'a cessé de grimper depuis, et à laquelle tout le monde a droit, même si son versant consumériste suscite des critiques. Comme celle d'Alain Souchon dans « Foule sentimentale » : « Oh la la la vie en rose / Le rose qu'on nous propose / D'avoir des quantités d' choses / Qui donnent envie d'autre chose / Aïe, on nous fait croire / Que le bonheur c'est d'avoir / D'en avoir plein nos armoires / Dérision de nous dérisoires… » La confusion est restée vive entre l'être et l'avoir. Les biens matériels demeurent les signes extérieurs de la réussite professionnelle, et donc sociale. S'y ajoute désormais le diktat de l'épanouissement personnel. Celui-ci n'est plus seulement un droit, mais un devoir, une obligation

---

1. Comte-Sponville André, Delumeau Jean, Farge Arlette, *La plus belle histoire du bonheur*, Le Seuil, 2004.

incontournable, pour les adultes aussi bien que pour leurs enfants. De quoi s'agit-il ? D'une sorte de nirvana individuel mêlant la conscience de ses potentialités, l'affirmation de soi et l'accomplissement personnel. Le tout devant mener à la plénitude…

« Oser être soi », « Être zen », « Adoptez la positive attitude ! » affichent en une les magazines. On ne parle plus que de cela. Chez les libraires, les rayons regorgent d'ouvrages sur le bien-être, le développement personnel, le feng-shui, les vertus du massage, etc., qui se vendent comme des petits pains. Cette vogue de la « zénitude » est reprise dans les publicités : les nouvelles voitures nous promettent « plus d'espace au bonheur » ; les confiseries chocolatées « du plaisir pour s'épanouir »… Le bouddhisme fait des adeptes en même temps qu'apparaît une nouvelle « religion », celle du retour à la nature. Une vie bio, comme un paradis perdu, à laquelle aspirent des citadins en mal d'authenticité, qui sont chaque année plus nombreux à quitter la ville pour les champs. Les Français, pourtant, sont plus que jamais les champions européens de la consommation de tranquillisants ! À se demander si cette injonction au bonheur ne génère pas de nouvelles angoisses, comme celle d'être dans l'incapacité d'atteindre son nirvana… Aurait-on oublié de vivre, tout simplement ?

Du côté des parents, être et rester zen en toutes circonstances et quels que soient les aléas de la vie familiale est une totale utopie, comme nous le rappelle la réalité quotidienne : assurer la survie de son enfant, son éducation, sa réussite scolaire, oui, c'est difficile. Être parent est un statut naturellement anxiogène. Alors, comment résoudre cette improbable équation entre la norme sociale du bonheur et le rôle de parent, forcément entaché de doutes, d'interrogations angoissées et de craintes ? Comment répondre à cette exigence sociale de construire des enfants « performants » en étant soi-même des parents « performants », c'est-à-dire capables d'extraire la graine de génie qui sommeille en chaque enfant tout en assurant son développement harmonieux, son accession à l'autonomie et à une carrière gratifiante ? Rude challenge !

« Il faut positiver ! » dit-on. Avatar de la méthode Coué, la vogue du positivisme s'est infiltrée dans toutes les sphères de la société. Ainsi, en mai 2006, le thème de la Conférence des ministres européens chargés de la famille a été « la parentalité positive », c'est-à-dire une « parentalité qui respecte les droits de l'enfant et son intérêt supérieur selon la Convention des Nations unies sur les droits de l'enfant », adoptée en 1989 (au passage, on peut se demander où sont passés les droits des parents...). On s'y est notamment interrogé sur les formes de soutien à apporter aux parents « défaillants », autrement dit jugés peu aptes à assurer le bonheur de leur progéniture. Comment mieux traduire les doutes des sociétés occidentales sur l'aptitude des parents à assurer l'épanouissement de leurs enfants ? Comment, dès lors, ceux-ci n'auraient-ils pas peur de ne pas être « suffisamment bons », quand on exige d'eux qu'ils soient « tout simplement parfaits » ? Que peuvent réellement gagner les enfants à cette mise sous contrôle du rôle éducatif ?

Pas grand-chose, en vérité. Car, à ne plus prendre en compte la spécificité de chaque parent et la manière dont il peut se construire un rôle sur mesure et non formaté, adapté aux besoins de chacun de ses enfants, on enferme les familles dans un cadre normatif si rigide et plaqué qu'il ne peut qu'exploser, tôt ou tard...

Lors de notre premier rendez-vous, comme pour motiver sa demande de thérapie, Mme S. raconte en guise d'introduction un rêve répétitif : « Je suis à mon bureau où je me retrouve le jour suivant, comme si je m'y étais rendormie et réveillée sans l'avoir quitté... » Elle poursuit : « S'il est vrai que je suis quelqu'un de bûcheur, mon goût pour le travail n'est pas le seul en cause. Je dois avouer que j'ai beaucoup de mal à rentrer chez moi à la fin de la journée. Ce qui m'angoisse plus que tout est de retrouver mes deux fils, âgés de six et quatre ans. Pourtant, je peux affirmer qu'ils ont été ardemment désirés et que leur naissance nous a comblés, leur père et moi. Et si je me sens coupable de quitter mon travail, qui m'obsède au point de me sentir mal à l'aise lorsque je suis avec mes enfants, je ne suis pas plus sereine lorsque je les laisse pour aller au bureau. Je vis en porte à faux depuis plusieurs années… J'ai le sentiment de ne rien maîtriser et de m'enfoncer dans un désordre permanent où tout m'accable, me semble insurmontable, comme si j'étais en apnée, littéralement au bord de la suffocation. »

Ce type de plainte chez les jeunes femmes devant cumuler responsabilités familiales et professionnelles m'est certes familier, mais rarement à ce degré d'accablement. La dépression n'était pas loin et justifiait amplement sa demande d'aide pour s'en sortir et éviter le pire. En effet, son mari lui reprochait son indisponibilité et leur couple battait de l'aile, l'un et l'autre se reprochant mutuellement un manque de soutien.

Ses parents étant tombés gravement malades alors que son premier enfant avait à peine un an, Mme S. était brutalement passée de la fusion avec son bébé à une forme de désinvestissement justifié par la priorité désormais accordée à ses parents.

Le deuxième enfant était né peu après et n'avait pas bénéficié à sa naissance de plus d'attention que son aîné. Il en était résulté chez les deux enfants des troubles du sommeil et du comportement, toujours pas résolus à ce jour. De ce fait, qu'il s'agisse de ses parents ou de ses enfants, Mme S. se définit comme « toujours en alerte ».

Son père, auquel elle était très attachée, était décédé récemment après une longue maladie, dans laquelle elle s'était seule impliquée. Le deuil de cette relation privilégiée la propulsait brutalement du rôle de fille dévouée à celui d'épouse et de mère, rôles qu'elle n'avait jusque-là guère eu le temps d'investir. Elle commençait à peine à prendre conscience de ce changement de statut auquel elle n'avait pas été préparée, comme c'est le cas d'autres jeunes femmes de notre époque en manque de repères pour construire leur rôle de maman.

L'insécurité affective ressentie par les enfants générait chez eux une agressivité incontrôlable, en particulier dès que leur mère rentrait du travail.

Elle décrit ces « retrouvailles » comme si éprouvantes qu'elle utilise tous les prétextes possibles pour en différer le moment. Ce qui, bien sûr, a pour effet de la culpabiliser davantage !

« Ils se jettent sur moi en hurlant, se battent pour m'accaparer, chacun ayant pour objectif d'éliminer l'autre. » De son point de vue, le père, souvent parti en voyage, n'assume pas un rôle d'autorité apte à contrôler les excès de comportement de ses fils. Il se contente de reprocher à son épouse son manque d'efficacité, sans la soutenir face aux crises et aux disputes des deux garçons qui empoisonnent l'atmosphère familiale. En dehors de leurs parents, les enfants ne semblent pas davantage gérables si l'on en croit le défilé des baby-sitters renonçant à se charger d'enfants qu'elles n'hésitent pas à qualifier de « sauvages ».

« Littéralement bloquée, je ne pilote plus la situation et je me demande même si j'en suis capable… Tout comme à la naissance de mon premier fils, je ne me suis pas sentie qualifiée pour m'occuper de lui, l'élever devenant une affaire de professionnelle. D'ailleurs, à l'époque, j'ai donné tout pouvoir à une assistante maternelle, qui savait mieux s'y prendre que moi. Je voulais me décharger d'un rôle que je ne me sentais pas capable de remplir. Je ne me trouvais pas à la hauteur de la tâche. »

Une tâche que, selon elle, sa mère avait su mener à bien avec ses propres enfants. Sans doute dans le désir inconscient de lui ressembler tout en se conformant aux normes éducatives en vigueur, Mme S. s'efforce de se montrer très exigeante vis-à-vis de ses fils. À ceci près que la situation des deux femmes est loin d'être identique. Car, contrairement à sa mère qui n'avait jamais travaillé et pouvait de ce fait exercer un contrôle permanent sur sa famille, Mme S. est engagée dans une carrière à responsabilités, certes gratifiante, mais qui exige d'elle un investissement sans faille. Or c'est dans son foyer que les failles apparaissent. Non sans une certaine violence, toute contrainte devenant pour les enfants un sujet d'opposition (au mieux de négociation), qu'il s'agisse de se lever, de s'habiller, de prendre le bain, de venir à table, de ranger les jouets ou encore d'aller se coucher… Autant d'obligations élémentaires pour gérer le quotidien des enfants, mais qu'elle ne peut envisager d'imposer sans être envahie par la peur paralysante de devoir affronter leur résistance à toute épreuve !

C'est bien de cette angoisse qu'il sera question lors de nos séances et de la nécessité de s'en libérer, tout comme du rôle idéalisé de sa mère (celle-ci n'avait d'ailleurs jamais manqué de rappeler que ses enfants étaient pour partie responsables de son renoncement à une autonomie financière. En définitive, rien ni personne n'est parfait !).

Manifestement à la recherche d'un idéal maternel, dont elle pensait naïvement avoir l'exemple à la fois dans son enfance et en référence au diktat social, cette jeune femme se trouvait piégée dans un rôle d'excellence que, malgré ses efforts, elle ne pouvait tenir… Le fait d'avoir trop d'exigences vis-à-vis d'elle-même rendait maladroite la pression que, par ricochet, elle faisait peser sur ses fils. Lesquels ne s'y trompaient pas et faisaient tout pour désavouer ses exigences. Ainsi, cet idéal de « mère parfaite », tellement vanté dans notre société, lui échappait, tout comme il échappe à la majorité des femmes qui s'efforcent, elles aussi, de s'y conformer. La mère parfaite n'est qu'un mythe supplémentaire dans notre quête du bonheur ! En réalité, il n'y a que des « mères suffisamment bonnes », pour reprendre la formule chère à Donald W. Winnicott. Et c'est tant mieux si on veut laisser aux enfants l'espace dont ils ont besoin pour inventer leurs propres modalités d'être et, plus tard, construire à leur façon leur rôle de parents.

Sans entrer dans le détail des séances, je lui ferai prendre conscience progressivement des paradoxes dont elle est prisonnière et qu'elle finit par commenter ainsi :

« Je m'impose trop de pression, tout comme celle que mes parents exerçaient sur moi avec une obligation d'excellence.

Ma mère s'est sacrifiée pour nous. Je m'accroche à des principes rigides liés à mon éducation et à celle de mon mari, principes que nos enfants rejettent avec force car ils ne correspondent pas à notre genre de vie. Comme si nous voulions compenser notre manque de présence par une gestion sans faille de leur vie quotidienne. »

Arrive le jour où elle peut enfin admettre qu'il existe des solutions pour apaiser l'ambiance étouffante qui règne dans la famille.

« Depuis que, d'un commun accord, nous avons relâché notre contrôle dans certains domaines comme les horaires des repas, ceux du coucher, l'ambiance a changé à la maison. Il y a moins de tensions entre les enfants et nous sommes tous plus zen… Du coup, prenant du bon temps sans *a priori* et avec un zest de philosophie, nous nous retrouvons avec plaisir. Alors qu'auparavant, nous étions sans cesse dans le stress et la contrariété. »

L'angoisse de ne pas tout contrôler infiltrait les relations que cette maman entretenait avec ses proches, au point d'empoisonner son quotidien, avec l'impression de toujours mal faire. Dès l'instant où elle avait décidé d'abandonner des normes éducatives incompatibles avec son activité professionnelle et celle de son mari, l'atmosphère familiale avait évolué : « Nous profitons des moments que nous passons ensemble sans culpabiliser et chacun y trouve son compte. Nos priorités ont changé de registre. Là où nous ne nous imposions que des devoirs, nous avons introduit la notion de plaisir partagé. Cela a transformé du tout au tout nos relations les uns avec les autres. Nous ne sommes plus dans la hâte permanente ni dans l'obsession d'anticiper le moment à venir et, du coup, les choses se passent mieux, car les enfants coopèrent au lieu de s'opposer à nos exigences… Nous bricolons notre quotidien au présent au lieu de nous fixer des objectifs impossibles à atteindre. »

111

Crise de la petite enfance, crise d'adolescence, crise du couple, crise de la ménopause, de l'andropause, etc. La famille est devenue le lieu privilégié où se manifestent des états de crise désormais admis comme des pathologies inévitables. Au point qu'une jeune patiente adolescente m'a posé un jour une question pertinente : « Est-ce que faire sa crise d'adolescence est obligatoire ? » Bonne question ! Est-il en effet obligatoire de qualifier de « crise » ce passage d'un état à un autre qu'il suffirait de considérer comme l'une des étapes constitutives du fait de vivre et d'évoluer ?

Curieusement, et parallèlement à ces états répétés de conflits et tensions, s'exprime une croyance aveugle et paradoxale en une famille idéale où seuls régneraient l'amour et la tolérance. « Soyons des parents parfaits pour avoir des enfants parfaits ! », telle est la devise qui exerce sur notre société ses effets pervers, et que la réalité vient généralement assez vite démentir. Pas étonnant, dès lors, que l'illusion ne tienne pas longtemps, une fois mise à l'épreuve du quotidien : les obstacles deviennent intolérables, insurmontables et les accrocs se transforment trop souvent en déchirures. Néanmoins, la famille s'est toujours trouvée au centre d'une confrontation permanente entre les forces contradictoires du mal et les rêves du bien. Elle est par essence une entité non statique, une microsociété en perpétuelle évolution à laquelle il faut bien nous adapter et réajuster en permanence.

À cet égard, nos ancêtres semblaient faire preuve de plus de réalisme et de lucidité. Ils acceptaient l'âpreté et les avatars de la vie de famille, de la vie tout court, sans stigmatiser les problèmes courants en termes de « crises ». Alors que notre société moderne persévère dans la quête du bonheur sans nuages, un bonheur en kit dont il suffirait de suivre la notice pour le construire. Si cette évocation hâtive de nos préoccupations actuelles peut sembler réductrice, il reste qu'elle a quelque chose à voir avec la situation évoquée par

Mme S. Car c'est bien en abandonnant leurs convictions éducatives rigides et sans se mentir à eux-mêmes qu'elle et son mari ont pu retrouver un lien de complicité avec leurs enfants. Ils se sont tout bonnement adaptés à leurs conditions de vie. Sans toutefois renoncer à imposer, mais avec plus de souplesse, les règles élémentaires de la vie en commun.

Comme l'écrit Marina Cecilie Roné, écrivain et journaliste : « Notre problème, ce n'est pas d'avoir trop peu de temps pour être ensemble ; c'est de ne pas supporter d'être autant ensemble. Même avec nos enfants, surtout avec nos enfants, car nous avons créé un idéal de relations avec eux auquel personne ne peut se conformer[1]. » Nous sommes piégés par l'influence d'une norme excessive, dont il est essentiel de prendre conscience pour s'en libérer. Et avec elle, de la peur de ne pas être à la hauteur du rôle de parent. Admettons-le une fois pour toutes : la vie de famille n'est pas un long fleuve tranquille !

L'épanouissement impossible

À trop avoir les yeux braqués sur ce que l'on croit être les principaux facteurs de l'épanouissement de l'enfant, sa réussite scolaire et la fructification de ses supposés talents, on en oublie l'essentiel : le premier terreau, vital, de son équilibre personnel est constitué des liens affectifs qu'il tisse dans sa famille, des échanges qu'il a au sein de celle-ci, et de la place qui lui est accordée. Place qui dépend elle-même du rôle de tuteurs qu'acceptent d'endosser ses parents. Si l'on pouvait exprimer en une phrase un besoin essentiel de l'enfant, elle serait : « Je pousse, avec toute l'énergie et l'enthousiasme que

---

1. *Courrier international*, 7-13 novembre 2002.

je mets à grandir, mais j'ai besoin de vous pour cela : soutenez-moi, guidez-moi, afin que je ne ploie ni ne me brise ! »

Il est vrai que ce rôle de tuteur peut parfois se trouver entravé, comme en témoignent les histoires d'Arthur et de Daisy.

Madame X vient me consulter sur les conseils de la psychologue qui suit depuis peu de temps son fils Arthur, treize ans, pour des problèmes de comportement à l'école. Arthur est né un an à peine après la mort *in utero*, à sept mois de grossesse, d'un premier enfant. Sa mère, encore très déprimée par la perte de ce bébé, s'est retrouvée dans l'incapacité totale de s'occuper de lui dans les semaines qui suivirent sa naissance. Elle laissait au père du nouveau-né le soin de lui changer ses couches et de le nourrir. Dès sa naissance, Arthur s'est ainsi trouvé face à une mère à la fois présente et absente, tant elle était prisonnière d'un deuil difficile.

Ayant pris peu à peu conscience de l'abandon qu'elle impose à son enfant, la maman se sent si culpabilisée qu'elle adopte une attitude contraphobique, c'est-à-dire qu'elle réagit à ce qui s'apparente à un rejet en surprotégeant son fils : disponibilité permanente, incapacité de lui refuser quoi que ce soit... C'est lui qui, dès un an, décide d'accepter ou non tout ce qui concerne le quotidien : soins, nourriture, sommeil... Et sa mère obtempère. Elle juge son mari peu à l'écoute de leur fils, vis-à-vis duquel il a tendance, selon elle, à être « trop dur, brutal même », et auquel elle reproche un manque d'empathie. Aussi l'écarte-t-elle progressivement pour faire barrage entre Arthur et lui. Situation propice à de nombreuses disputes autour de ce garçon mis au centre de toutes les attentions, mais aussi de tous les conflits.

Les parents ont une attitude si ambivalente qu'Arthur, sans repères fixes ni limites, ne s'y retrouve plus. Du coup, son comportement ne fait qu'empirer ! Parce qu'on lui demande sans cesse son avis, qui détermine celui de ses parents – et non l'inverse –, son quotidien se résume en deux phrases : « j'ai envie » et « je ne veux pas ». « J'ai envie de regarder un film », « je ne veux pas manger »... Il est dans une toute-puissance absolue que rien ne vient troubler.

Dès la naissance, Arthur a manifesté un caractère violent et colérique, piquant quotidiennement (et parfois plusieurs fois par jour) des crises terribles durant lesquelles il hurlait interminablement – rien ni personne ne semblait pouvoir le calmer – jusqu'au moment où, épuisé, il se calmait de lui-même. Paradoxalement, à côté de ce comportement très « affirmé », il était à l'époque, et jusqu'à l'âge de sept ans environ, tétanisé en société, fuyant les regards, ne répondant pas aux questions qui lui étaient posées.

Au fil des ans, Arthur montre un caractère toujours aussi difficile : il transgresse les interdits, hurle interminablement quand on s'oppose à lui, et rejette son père lorsque celui-ci tente une approche : « Je ne veux pas de toi ! Laisse-moi tranquille ! » crie-t-il rageusement.

Tout en reconnaissant qu'elle a laissé peu de place à son mari, sa maman ne peut s'empêcher de contester l'autorité paternelle de celui-ci sur le mode : « Tu ne sais pas t'y prendre ! » Enfin est évoqué le problème de la scolarité d'Arthur, motif de la consultation, qu'il saborde sciemment en refusant de travailler et en séchant des cours.

Suivi à plusieurs reprises par différents psychothérapeutes, Arthur n'a jamais pu persévérer, sa mère ayant toujours mis un terme prématuré aux prises en charge psychothérapeutiques de son fils sous le prétexte, dès qu'un léger changement se faisait sentir dans le comportement d'Arthur, que ce n'était plus nécessaire. Le père n'avait eu, une fois de plus, rien à dire…

Si la maman d'Arthur se sent coupable d'avoir « abandonné » son fils à la naissance, elle ne fait pas le lien entre les difficultés de celui-ci et le drame qu'elle a vécu.

Lors des quelques séances où je la recevrai, je tenterai de lui en faire prendre conscience, ainsi que de l'incohérence éducative subie par Arthur, pour qu'elle accepte de continuer la thérapie pour elle-même, dans la mesure où la prise en charge en psychothérapie de son fils ne pourra à elle seule tout résoudre. J'insisterai pour que les parents viennent à tour de rôle, de façon à redonner au papa d'Arthur sa place, et l'occasion de se remettre lui aussi en question. J'en profiterai également pour leur conseiller de veiller à ce que leur fils poursuive cette fois sa thérapie jusqu'au bout...

Comme en négatif de l'histoire d'Arthur, celle de Daisy, une jeune femme d'origine anglaise, qui me confie selon ses propres termes sa « peur de vivre ». Une peur qui la handicape dans tous les domaines, aussi bien dans ses études que dans sa vie affective. « De sorte, dit-elle, que je ne peux m'engager dans rien, de peur de me tromper. Je suis dépendante des autres, dont j'attends toujours l'approbation, tout comme, petite, je l'attendais de mes parents. » De son enfance, elle dit avoir gardé une impression de vide : rien ne l'a marquée, semble-t-il. Sans doute a-t-elle dû refouler ses émotions face à une mère qui, selon ses propres termes, « ne livrait rien d'elle-même ».

« Pour les membres de ma famille, n'était acceptable que ce qui était conforme à leurs valeurs. Mes parents ont réussi à couper mes petites pousses d'envie dès que quelque chose germait en moi. Ce n'était pas la peine de leur en parler, je connaissais d'avance la réponse : *That's not what you want!* (Ce n'est pas ce que tu veux!) » Un tel déni répétitif du moindre de ses désirs était une violence faite à cette enfant, comme l'exprime Daisy avec lucidité et finesse : « Mes désirs étaient étouffés, neutralisés, décapités... » Elle s'arrête, perplexe, pour me (se) poser la question : « Mais, dans le fond, qu'est-ce que le désir ? »

Cette interrogation me ramène en mémoire les propos du psychanalyste Denis Vasse au sujet de ce qu'il a nommé « l'annulation du ressenti » : il évoquait ainsi les personnes qui ne ressentent rien, aucune émotion, ni joie ni tristesse. Dès le début de leur vie, plongés dans des situations psychiques difficiles qu'ils ne peuvent maîtriser, ils s'efforcent de ne plus rien éprouver afin d'échapper à une trop grande souffrance.

La suite du récit de Daisy me confirme dans l'idée qu'elle a été contrainte à un tel refoulement : « J'ai appris à ne pas m'écouter pour connaître mes vrais désirs, tout comme mes parents faisaient avec moi. Au point que, totalement inhibée, je ne pouvais plus rien ressentir ni exprimer. Non-dits, absence de partage et d'amour, pour moi, tout était angoissant et je m'enfermais peu à peu dans une grande solitude… Je vivais par procuration : j'étais comme un seau vide que remplissaient mes parents ! »

Ainsi, pour Daisy, l'affectivité se résumait à « quelque chose de précieux que l'on sort de temps à autre pour l'enfermer à nouveau très vite. J'étais comme anesthésiée, au point de paraître insensible alors que je souffrais en permanence ».

De son enfance empêchée, la jeune femme se souvient n'avoir jamais été encouragée dans ses rares initiatives personnelles. Tout devait se mériter et, face à la désapprobation habituelle, elle avait appris à renoncer à toute spontanéité.

« Comme je n'arrivais jamais à me faire entendre, j'avais la conviction de n'être qu'un tas de rien… » Une véritable négation de son moi authentique ! De fait, lorsqu'un désir propre émerge, Daisy craint plus que tout de s'y confronter et préfère y renoncer aussitôt, comme si elle avait intériorisé depuis toujours l'interdit parental de manifester quoi que ce soit de sa propre personnalité. Elle démissionne, de façon quasi automatique, culpabilisée par un désir qui n'a pas de sens, pas lieu d'être, selon les critères éducatifs dont elle a été imprégnée tout au long de son enfance. En s'interdisant le moindre désir, elle a en quelque sorte élaboré son autocensure.

« Mes parents n'avaient guère l'occasion de me punir car j'avais si bien absorbé leurs points de vue que j'annihilais, silencieusement, toute tentative de révolte. »

Daisy n'avait aucune idée de ce que pouvait être la transgression si familière aux enfants, et si nécessaire à leur quête d'autonomie. Elle était littéralement aliénée : seule était légitime la volonté sans faille de ses parents, au détriment de la sienne.

« La seule chose qui comptait pour eux était ma réussite scolaire. Ils se servaient de cet alibi pédagogique pour m'interdire tout ce qui n'entrait pas dans ce registre, car selon eux trop futile. » La seule chose que Daisy était en droit de faire, c'était d'être une bonne élève…

Que dire de choix éducatifs aussi opposés, qui relèvent de véritables dérives ? Quelle leçon en tirer ? Arthur comme Daisy se trouvent entravés dans leur espace psychique et physique. Ce que l'on peut comprendre ainsi : si Arthur peut laisser libre cours, sauvagement, à ses pulsions destructrices pour lui comme pour son environnement, il ne trouve devant lui aucune résistance parentale, aucun contenant apte à lui permettre de se contrôler et de se construire. La tolérance illimitée et coupable de ses parents le prive de l'expérience de la censure nécessaire pour s'intégrer socialement. Il évolue dans une incohérence éducative qui ne l'aide pas à adopter des normes de comportement. S'il ne respecte rien ni personne, c'est parce qu'il ne se sent pas respecté en tant que sujet capable d'intégrer des règles de vie élémentaires. Ses parents sont dans une totale confusion en ce qui concerne leur rôle et, de ce fait, ne peuvent guère être crédibles aux yeux de leur fils qui se retrouve sans modèle identificatoire adulte.

Comment se construire face à un tel vide où la transgression est devenue la seule option possible pour lui ? Pour reprendre la formule de Donald W. Winnicott, il y a « empiétement sur son espace psychique » : empiétement dans la mesure où les parents, d'une passivité à toute épreuve, ne savent pas imposer des limites. Avec pour résultat que, telle une petite bête sauvage, Arthur leur fait peur. Sa mère se dit d'ailleurs « minée, épuisée » par le climat de conflits que lui impose son fils.

Même s'il semble prendre une forme opposée, cet empiétement de l'espace psychique est tout aussi présent chez Daisy. En effet, à l'empiétement négatif des parents d'Arthur qui brillent par leur absence de réaction face à leur fils, correspond celui des parents de Daisy, trop présents, trop castrateurs pour lui laisser un quelconque espace personnel. Ils contrôlent leur fille sans la moindre faille et restent vigilants à ce que rien d'elle, qui pourrait constituer un danger, ne leur échappe. Daisy est littéralement muselée, rien de ce qu'elle dit n'étant crédible, là où Arthur, lui, ne rencontre aucune limite à ses excès de parole, à ses violences.

Si ce dernier ne trouve pas les éléments éducatifs aptes à lui permettre de construire un surmoi efficace, Daisy quant à elle n'a pas eu d'autre choix que d'intégrer un surmoi redoutable, à l'image de celui de ses parents dont elle est depuis toujours l'otage.

Tous deux vivent dans l'insécurité face à des parents qui sont de toute évidence dans le « trop » : trop d'indifférence ou trop de présence. Le résultat est finalement le même pour ces deux enfants qui n'ont pas reçu les éléments nécessaires à une autonomie de comportement et de pensée. Dans les deux cas, les adultes ne tiennent aucun compte de la juste mesure d'investissement et de résistance dont leur enfant a besoin.

À la quête d'Arthur, qui cherche désespérément à faire réagir ses parents à son déchaînement et ne trouve pas de répondant, correspond le renoncement accablé de Daisy, elle aussi confrontée à un mur d'indifférence. Si Arthur persécute ses parents, Daisy, à l'inverse, est persécutée par les siens. Enfin, à la détermination inflexible des parents de celle-ci correspond la tyrannie irréductible d'Arthur.

Les deux couples de parents semblent sinon sourds, du moins peu réceptifs à la détresse de leur fils ou de leur fille. Tous deux échouent sur le plan de l'épanouissement de leur enfant respectif, épanouissement qui passe par un respect mutuel et l'apprentissage d'une liberté bien dosée. Or, si Arthur a trop de liberté, Daisy n'en a aucune.

Reste une différence notable entre les deux situations : si le père et la mère d'Arthur peuvent encore changer d'attitude et entendre enfin le sens d'appel que prend le symptôme de leur fils (ce que je ne manquerai pas de leur faire admettre), il n'en est pas de même pour les parents de la jeune fille, car là, les jeux sont faits. C'est à Daisy elle-même d'entreprendre un travail personnel pour se dégager d'une influence destructrice qui a déjà gâché son enfance et risque, si elle n'y prend garde, de gâcher sa vie d'adulte.

Il est un fait incontestable : « La liberté, cela se mérite. Elle ne doit pas être donnée sans être d'emblée assortie de limites et d'interdits. Il s'agit d'un long apprentissage, d'une recherche progressive que les parents se doivent de gérer avec perspicacité et persévérance[1]. »

De manière diamétralement opposée, ce n'était le cas ni pour Arthur ni pour Daisy, frustrés tous deux de ne pouvoir s'approprier à leur rythme un espace de liberté et d'autonomie, ce qui exige un effort constant d'adaptation à la réalité. Or cela ne peut se faire sans être guidé et soutenu par des parents attentifs et respectueux de l'intégrité de leur enfant ; des parents qui veillent à rester à l'écoute de ses revendications, sans renoncer à exprimer leurs convictions ou leurs désaccords.

---

1. BUZYN Etty, *Me débrouiller oui, mais pas tout seul, Du bon usage de l'autonomie*, Albin Michel, 2001.

4

Peur du temps qui passe ?

Les difficultés croissantes auxquelles se heurtent un certain nombre de parents demeurent en partie incompréhensibles hors de leur contexte social et culturel. Quels que soient l'époque et le lieu, les sociétés, nécessairement normatives, ont toujours fortement imprimé leur marque sur les savoir-faire éducatifs.

Or l'ampleur des transformations qui bousculent les schémas anciens depuis le milieu du XXe siècle est sans précédent : marche vers la parité hommes-femmes, parentalité partagée, formidables avancées dans la découverte du développement psycho-affectif de l'enfant, montée des individualismes... Autant de révolutions qui ont touché tous les cercles concentriques de la société, à la périphérie comme en son centre, et donc la cellule familiale. L'un des bouleversements les plus spectaculaires a été la modification du statut de l'enfant, dès qu'il a été admis qu'il était « une personne à part entière » dont il convenait d'assurer le plein épanouissement.

Placé au centre de la société, il en occupe le terrain, dans une connivence collective. Par un effet de balancier, le statut de l'adulte en a été lui aussi modifié : il est désormais présenté comme ayant besoin d'être guidé, « coaché », dans tous les domaines. Infantilisé en somme... Au point que l'on ne sait même plus très bien ce qu'être adulte veut dire ni à quel moment on le devient.

Un ordre des choses responsable d'un certain malaise, tant chez les plus jeunes que chez leurs aînés. Les enfants, conscients de leur dépendance – donc de leur impuissance –, ont bien naturellement toujours autant besoin d'être protégés et guidés par des adultes qui assument ce rôle. « Un enfant a encore besoin qu'on l'aide, d'un entourage », affirme Charles, onze ans. « Oui, renchérit avec humour son frère jumeau, un parent, ça doit être comme un chef de meute ! » Pour eux, il reste clair qu'être enfant ou adulte, ce n'est vraiment pas la même chose…

Toutes générations confondues ?

Curieusement, alors qu'ils ont d'ambitieux projets d'avenir pour leurs enfants, les parents ne veulent pas se voir vieillir. Ou, plus exactement, refusent de vieillir. Prendre de l'âge, des rides, des kilos et être contraint à limiter ses projets parce que, ma foi, on n'a plus toute la vie devant soi, cela fait peur à tout un chacun. La vieillesse a perdu son aura de sagesse acquise grâce à l'expérience de la vie. L'idéal collectif s'est porté sur son opposé, la jeunesse, que l'on fantasme comme étant éternelle.

L'enfance et son enthousiasme neuf, l'adolescence gracile, riche de promesses en séductions, semblent des paradis perdus. Il s'agit non seulement d'en retrouver le chemin, mais de ne jamais en être chassé.

D'où l'un des paradoxes les plus étranges de notre époque : les parents font tout pour que leur enfant soit en avance sur son âge, et qu'il anticipe particulièrement les apprentissages scolaires, mais, dans le même temps, font tout pour paraître plus jeunes qu'ils ne le sont : produits cosmétiques, chirurgie esthétique, vêtements et vocabulaire empruntés aux jeunes, rien n'est laissé au hasard dans cette quête de la jeunesse éternelle. Simultanément, des bébés en âge de pousser leurs premiers gazouillis arborent jeans et baskets qui les travestissent en mini-ados ; et des lolitas prépubères se vantent auprès de leurs copines de leurs strings flambant neufs... On ne peut, d'ailleurs, que rester perplexe face au marché florissant de cette mode fondée sur la sexualisation de l'enfance, créée et mise en avant par des adultes...

Les grandes étapes de la vie, la jeunesse, la maturité, la vieillesse, ont désormais des frontières floues. Chacun, enfants comme adultes, se perd dans un brouillard où l'on ne sait plus trop où se situe la place qu'il convient d'adopter les uns par rapport aux autres ni, par conséquent, quel est son rôle.

Trop de proximité tue la proximité. La liberté d'être soi et l'autonomie sont revendiquées haut et fort et, pourtant, dans la vie réelle, c'est exactement l'inverse qui se produit : parents et enfants sont englués dans une dépendance mutuelle – qui soutient l'autre ? Une problématique remarquablement illustrée par le film *Tanguy*, autre succès du réalisateur de *La vie est un long fleuve tranquille*, qui porte décidément un œil lucide et drôle sur les travers de notre temps : à vingt-huit ans, Tanguy vit encore chez ses parents. Jeune homme brillant, charmant, aimant, Tanguy donne bien des satisfactions à ses géniteurs. Sauf qu'il ne se décide pas à quitter la maison, même pour concrétiser ses nombreuses conquêtes féminines. Il se sent parfaitement bien dans ce cocon dégoulinant de bons sentiments, où règne une harmonie dont on perçoit très vite qu'elle n'est qu'une façade. En réalité, les parents que cette dépendance encombre sont prêts à tout pour que leur « grand bébé » parte faire sa vie ailleurs... et les laisse enfin vivre leur vie !

Une inversion humoristique dans la quête d'une indépendance qui est normalement le propre de l'adolescence... Clin d'œil à cette génération d'adolescents contraints de s'arracher au confort et au «trop de proximité» familiale, quitte à utiliser pour cela tous les moyens possibles, aussi violents soient-ils?

Trop de proximité donne également aux parents la tentation de mêler de près leur enfant à ce qui ne devrait pas le concerner, à leur vie sentimentale pour commencer. Plus particulièrement lorsque le couple se décompose, puis se recompose. L'adulte adopte alors, trop souvent, la position du «parent-copain», situant délibérément l'enfant sur le même plan que lui. Pur égocentrisme ou croyance erronée que cette (fausse) complicité saura resserrer les liens distendus par les aléas de l'existence? Campé malgré lui dans la position du spectateur-confident, l'enfant doit, lui, refouler ses émotions, le trouble et la honte qui le submergent, au risque qu'ils resurgissent violemment des années plus tard.

Régine est la mère de deux jeunes enfants pour lesquels elle ne rencontre aucune difficulté éducative, hormis des épisodes classiques de jalousie. Elle est très présente à leurs côtés, la situation professionnelle de son mari lui permettant de ne pas travailler. Tout irait pour le mieux si elle ne se sentait vaciller dans un état de prostration où tout se trouve remis en question (même son couple) et où tout devient sujet de plainte, comme le révèlent ses propos. En effet, elle a «tout raté», n'a «rien fait de [sa] vie», malgré de bonnes études qui lui avaient donné un certain statut professionnel et social – qu'elle a abandonné pour s'occuper exclusivement de ses enfants. Ce choix, qui s'est imposé à elle, n'est pas le fruit du hasard.

Elle en vient rapidement aux raisons qui l'ont motivée à renoncer à une carrière s'annonçant prometteuse : «Ma sœur et moi n'avons guère compté pour nos parents lorsqu'ils se sont séparés, alors que nous étions encore petites. À partir de là, ils se sont donné la priorité et ont fait peu de cas de nous, nous confiant facilement à d'autres. C'était chacun pour soi. Au fil des années, nous sommes devenues les spectatrices impuissantes de leurs histoires sentimentales assez chaotiques. Ils nous utilisaient comme des témoins privilégiés de leur vie amoureuse, exposée et racontée sans retenue, avec force détails. Ils nous imposaient leurs partenaires sans nous en avertir ni se préoccuper des effets que ces changements répétés avaient sur nous. Les ados, c'étaient eux. Ils attendaient de nous que nous nous comportions de façon raisonnable et soyons compréhensives ! C'est-à-dire sans les gêner ni compromettre leur vie affective.

« J'ai quitté leurs maisons respectives à plusieurs reprises pour fuir une atmosphère conflictuelle que je ne supportais plus, et où je n'avais pas ma place. Je me réfugiais alors dans la famille d'une amie qui m'a beaucoup aidée et est devenue par la suite mon modèle, celui que je m'efforce de reproduire maintenant, en étant soucieuse et à l'écoute de mes enfants, contrairement à ce que j'ai pu vivre moi-même. Même lorsque j'ai fait une dépression, à dix-huit ans, je n'ai reçu qu'indifférence de la part de mes parents. Ils m'ont volé mon enfance et ma jeunesse, et je n'ai pas le souvenir d'avoir connu le temps de l'insouciance. De telle sorte que j'ai le sentiment de m'être oubliée…

« Je suis devenue la mauvaise fille depuis que j'ai enfin décidé de ne plus me soucier d'eux ! Ma sœur a trouvé la solution idéale, elle vit à l'autre bout du monde. Ce qui est étrange et que je ne comprends pas, c'est que plus ils se comportent mal à mon égard, plus je me sens coupable. C'est comme si, à mes yeux, j'étais la seule responsable de cette situation. Chacun, à sa façon, a réussi à m'en convaincre. »

N'était-ce pas là une des causes de sa dépression ? Régine endossait à la place de ses parents la culpabilité qu'ils étaient bien incapables de ressentir. Elle prenait aussi, et depuis toujours, la place d'adulte qui lui avait été assignée.

Telle cette angoisse de séparation éprouvée trop souvent à l'époque par Régine, à la place de ses parents, indifférents. Car Régine avoue vivre la moindre séparation comme un abandon, qu'il s'agisse de son mari ou de ses enfants, qu'elle ne peut pas se résoudre à quitter, même momentanément : « C'est moi qui suis dépendante d'eux et non l'inverse. » Tout sauf reproduire l'attitude puérile et irresponsable de son père et de sa mère.

« Ma mère me considère comme une rivale, et non comme sa fille. Elle n'a jamais compris ce qu'est une relation mère-enfant normale, au point de ressentir de la jalousie à mon égard et de ne jamais se réjouir lorsque quelque chose de bien m'arrive. Quand j'ai eu mes premiers amoureux, elle n'a eu de cesse de tenter de les séduire, comme pour me mettre à l'écart. D'ailleurs, pour éviter sa jalousie, dès que j'ai une bonne idée, je l'éteins…! Je me sens dévitalisée et sans énergie pour entreprendre quoi que ce soit. C'est la raison majeure de ma demande de psychothérapie, ma dernière chance pour m'en sortir. »

Je me trouvais face à une jeune femme certes lucide sur son vécu infantile douloureux, mais dont les défenses fragiles, qui lui avaient permis de tenir jusque-là, s'effondraient. Et cela au moment où ses enfants la renvoyaient à l'âge qu'elle avait lorsqu'elle avait été confrontée à un manque total de soutien et d'encadrement de la part de ses parents, qui l'avaient davantage considérée comme témoin et confidente de leur vie personnelle que comme leur fille.

Prise dans un mouvement de régression, la peur de voir grandir ses enfants revenait en force, la renvoyant aux épreuves vécues au même âge. Comme s'il lui fallait arrêter le temps pour ne plus revivre les souffrances de son enfance qui la taraudaient !

Lors de sa dernière séance, cette jeune mère de famille semble enfin avoir trouvé l'apaisement. Peu à peu débarrassée de la culpabilité qui lui pesait tant, elle a décidé de ne plus répondre aux demandes incessantes de ses parents, à un moment de leur vie où ils ont besoin d'elle. « Ils ne m'ont jamais rien donné sur le plan affectif. Faire semblant de leur être redevable, comme si rien ne s'était passé, reviendrait à nier tout ce que j'ai souffert. Désormais, pour me protéger, j'éviterai tout contact avec eux », affirme-t-elle, soulagée.

Qu'est devenu l'œdipe ?

Brouillant les schémas traditionnels, le télescopage entre les générations éclipse les interdits fondamentaux (dont l'interdit de l'inceste) qui ponctuent et assurent le développement normal de l'enfant. Et tout particulièrement la phase œdipienne, nécessaire à l'identification sexuelle du petit garçon et de la petite fille, ainsi qu'à son développement psycho-affectif.

L'enfant s'y trouve confronté entre trois et six ans environ, âge où l'on découvre la différence entre les sexes. Dès lors, introduit dans le jeu des identifications, il éprouve le désir de posséder son parent de sexe opposé, ce qui a également pour effet de déclencher chez lui un tohu-bohu de sentiments contradictoires, entre l'amour et la haine, pour son autre parent, le ou la « rival(e) ». Normalement, le principe de la triangulation où l'un des deux parents va s'opposer au désir de l'enfant lui permettra peu à peu d'intégrer cette loi humaine universelle : il est impossible d'épouser son papa ou sa maman... Un interdit toutefois riche de promesses : la réalisation du désir se fera plus tard, quand l'enfant sera « grand ». Mais il lui faudra pour cela, comme Peau d'Âne, quitter la maison familiale !

Or, de nos jours, on assiste à un affaiblissement de cette période capitale de la petite enfance. Il ne peut, en effet, y avoir entrée dans le stade œdipien ni résolution de l'œdipe dans un environnement éducatif où tout est permis, aucune limite claire signifiée, ce qui rendrait possible la transgression de l'inceste alors que la résolution de l'œdipe en représente, justement, l'interdiction absolue.

Dans la famille Groseille, la sexualité féminine s'expose crûment, chez la mère comme chez la fille. Le père, passif et infantilisé, n'assume pas son rôle de porteur de la loi sur l'interdit de l'inceste. Et cela d'autant plus qu'il y a une totale confusion des rôles, enfants et adultes se comportant à l'identique dans cet érotisme ambiant.

Il semble bien que Momo n'ait pas été en mesure de se confronter au stade œdipien tant qu'il a vécu dans sa famille d'adoption où régnaient des comportements ambigus à tendance incestuelle. L'incestuel étant un équivalent de l'inceste sans le passage à l'acte, c'est-à-dire une trop grande proximité avec la sexualité adulte, alors génératrice d'excitation précoce et d'un sentiment de culpabilité chez l'enfant.

Un exemple parmi d'autres, ce père d'une fillette de dix ans, qui se plaint que celle-ci soit constamment « collée » à lui, mais qui projette sans états d'âme de l'emmener en vacances dans un camp de naturistes en compagnie de sa nouvelle conquête féminine... Il peut s'avérer bien pratique de considérer son enfant comme désexualisé lorsqu'il se trouve, de façon inhabituelle dans notre culture judéochrétienne, exposé aux corps des adultes ! Ce papa ne se comporte-t-il pas comme un gamin fasciné par la transgression via son enfant interposé ?

D'autres ne parviennent tout simplement pas à poser des limites à leur progéniture en se refusant de jouer le rôle du tiers dans la triangulation, sans réaliser le trouble dans lequel ils plongent ainsi l'enfant. Trouble auquel celui-ci réagira en adoptant des comportements violents, d'autant plus angoissants pour ses parents qu'ils n'en comprennent pas l'origine.

Une jeune femme que je reçois depuis peu me fait part lors d'une séance de son souhait de m'entretenir de sa fille, âgée de sept ans, dont l'attitude récente la préoccupe. « Je suis anéantie... Éloïse refuse toute contrainte. Elle ne fait que ce qu'elle veut, sans jamais demander la permission. Elle prend aussi des risques qui nous angoissent, son père et moi, et se fiche totalement de nos interdictions. Elle envahit l'espace, écrase son frère pourtant plus âgé qu'elle de deux ans, au point de lui faire perdre confiance en lui. Effrontée, elle parle sans cesse, à n'importe qui, coupe la parole à tout le monde. Il faut qu'elle se fasse remarquer à n'importe quel prix ! Elle n'a aucune censure et ne respecte pas l'univers des autres. Seul existe son désir du moment. Son insistance pour obtenir ce qu'elle veut est sans limites ! Elle n'obtempère que dans la violence, qu'elle se plaît à provoquer. Elle me bouffe mon énergie, et je dois admettre que je n'ai aucune prise sur elle... D'autant que son père, très pris par son travail, ne m'aide pas et me laisse endosser toutes les responsabilités éducatives. Le week-end dernier, elle m'a fait abandonner le navire... De crainte de la frapper, j'ai préféré quitter la maison. Lorsque je suis revenue, elle m'a offert un dessin. Elle souffle ainsi le froid et le chaud en permanence ! »

La jeune femme ajoute sur un ton où perce le découragement : « C'est l'enfer... Par moments, j'en viens à la détester... Quand je suis épuisée, il m'arrive de pleurer devant elle. J'espère alors recevoir un peu de compassion de sa part, mais elle se contente de me demander en souriant si je pourrais l'abandonner. Question qui me fait bien évidemment culpabiliser, ce dont elle semble se réjouir. Je me sens aussi impuissante vis-à-vis de ma fille que de ma mère... » Elle soupire. Intriguée par la comparaison, je l'encourage à développer sa pensée. « Le mépris qu'elle me porte me fait penser à ma mère, qui ne faisait aucun cas de mes désirs, ni de mes choix. Elle se contentait de m'imposer les siens ! Un vrai dragon ! J'aurais dû lui résister, mais il m'était impossible de m'opposer à elle. Aujourd'hui, ma mère, niant notre autorité de parents, injecte ses propres idées dans l'esprit de notre fille, qui se trouve ainsi encouragée à nous tenir tête. »

Aux yeux de sa mère, Éloïse reprend le flambeau de sa grand-mère. Selon elle, celle-ci s'est approprié sa petite-fille pour se ressaisir, à travers elle, du pouvoir qu'elle avait perdu sur sa fille. « Je ne veux pas reproduire l'attitude de ma mère... Mais cela me rattrape. Je me retrouve dans une impasse et je ne sais plus de quelle manière réagir à la pression qu'Éloïse exerce à la maison, sur moi plus particulièrement. Du reste, j'ai parfois l'impression qu'elle souhaite prendre ma place, comme si elle voulait semer la zizanie entre son père et moi. Dès que nous avons un petit différend, elle ne cesse de nous demander si nous allons divorcer, mais sans paraître plus inquiète que ça. »

À ma question sur sa relation à son propre père, la jeune femme raconte : « Ma mère a toujours été jalouse de notre complicité. Il est vrai que j'ai toujours été la confidente privilégiée de mon père. » Elle esquisse un léger sourire. « J'avais l'impression d'être sa petite femme et j'appréciais faire les mêmes choses que lui. Alors que ma mère détestait tout ce qu'il aimait et ne partageait jamais rien avec lui. Au point, un jour, de le quitter. » Elle poursuit : « Je peux tout dire à mon père, le bon et le mauvais... comme je parlerais à un mari. Il n'y a pas de censure entre nous. Aujourd'hui encore, il me confie ses problèmes sentimentaux et sexuels, et me demande conseil. Avons-nous comblé ainsi, tous les deux, un manque d'affection ?

« Ma mère a dû souffrir de notre complicité. Les deux aînés, très proches en âge, lui avaient tenu tête. Et c'est sur moi, la petite dernière, née tardivement, que ma mère a jeté son dévolu pour exercer son pouvoir et réaliser enfin les projets éducatifs que les deux autres avaient rejetés en faisant bloc contre elle. Du reste, mon frère et ma sœur étaient très jaloux de moi, de l'investissement de ma mère à mon égard, comme du lien très fort qui nous unissait mon père et moi. Quand mes parents ont divorcé, les aînés avaient déjà quitté la maison. Je me suis retrouvée seule face à ma mère, avec le sentiment de devenir sa proie. »

Dans ce qu'évoque cette jeune femme, il me semble évident que la relation conflictuelle qu'elle entretient avec sa fille résonne en écho avec son vécu d'enfant.

Si sa fillette met tant d'application à reproduire une situation conflictuelle mère-fille, c'est sans doute, inconsciemment, pour permettre à sa maman de résoudre quelque chose de sa propre enfance et l'obliger à affronter ses souvenirs.

En outre, la problématique œdipienne occupe une place importante. Enfant, la jeune femme se substituait à sa mère auprès du père, ô combien complaisant ! N'était-ce pas aussi ce qu'Éloïse s'efforçait de reproduire en souhaitant occuper la place de sa mère, lorsqu'elle insistait notamment sur l'éventualité d'une séparation de ses parents ? Ne rêvait-elle pas d'une relation fusionnelle (et presque incestuelle) avec son père comme cela avait été le cas pour sa maman ?

Ainsi, la triangulation structurante père-mère-enfant n'avait pas fonctionné pour définir la place et le rôle de chacun des parents dans la famille d'Éloïse comme dans celle de sa mère enfant.

Toutes deux souffraient sans nul doute d'« inadaptation paternelle ». L'expression est à entendre aussi bien dans le manque (en ce qui concerne Éloïse) que dans l'excès de présence (pour la jeune femme). Leurs pères respectifs s'étaient trouvés dans l'incapacité d'assumer leur fonction, c'est-à-dire d'établir des limites et d'imposer la Loi à leur enfant, l'encourageant sans s'en rendre compte à commettre des actes transgressifs. Cette inadaptation à leur rôle les rendait complaisants aux fantasmes « incestuels » de leur fille, auxquels ils ne faisaient pas barrage. L'un comme l'autre n'avaient pas assumé de « donner la castration » pour permettre à leur enfant de grandir avec des repères plus structurants.

Après avoir partiellement fait partager mes réflexions à ma patiente, je lui proposai d'adresser sa fille à un pédopsychiatre pour régler cette situation qui, à mon sens, mettait en jeu une problématique œdipienne non résolue à ce jour. Avec l'idée qu'il saurait mobiliser le papa d'Éloïse pour qu'il parvienne à s'interposer entre la fillette et sa mère. En encourageant le père à s'impliquer davantage, un espace se libérerait pour que s'installe enfin une relation mère-fille plus saine.

J'appris par la suite que le médecin avait resitué le problème d'Éloïse qui, à son avis, ne cherchait pas nécessairement à prendre la place de sa mère, mais plus simplement à devenir grande. Ce qui selon moi n'était en rien contradictoire avec mon interprétation.

Sans aucun doute, le comportement d'Éloïse imposait à sa mère de reprendre une problématique œdipienne encore confuse et loin d'être résolue entre elle-même et son père. Il nous restait à travailler cette partie de son passé jusque-là resté en friche. Car à sa manière Éloïse avait permis que la névrose maternelle s'impose sur le devant de la scène ! Et sa maman, enfin accompagnée dans ce parcours, pouvait affronter son histoire infantile sans se trouver mobilisée par des conflits quotidiens destructeurs pour toute la famille.

L'excès de transparence

Pour en revenir à l'expérience œdipienne de Momo, c'est seulement à son arrivée chez les Le Quesnoy qu'il découvre la fascination qu'exerce sur lui le corps de sa mère biologique, épié par l'entrebâillement de la porte de la salle de bains.

L'attirance qu'il éprouve alors pour ce corps maternel marqué du sceau de l'interdit le submerge d'émotion. Et, lorsqu'il subtilise la photo de cette dernière dans l'album familial – photo qu'il cache sous son oreiller –, il entre de plain-pied dans la phase œdipienne où règne le fantasme de s'approprier, à la place du père, le corps tabou de la mère.

Cette découverte tardive (le stade œdipien se joue généralement dans la petite enfance) lui permet de rétablir un équilibre où peut s'inscrire l'expérience œdipienne et l'intégration de la loi : « la mère appartient au père » (et vice versa pour les fillettes).

C'est ainsi que Momo passe de l'excès de comportements libidineux qui règne chez les Groseille, où les corps sont surexposés et où presque rien n'est caché, aux corps interdits d'accès des Le Quesnoy, pour lesquels tout ce qui touche à la sexualité se trouve verrouillé.

Toutefois, il est intéressant de relever que, chez les Le Quesnoy, la transgression existe malgré sa mise sous scellés par les parents. Elle surgit avec l'annonce de la grossesse de Marie-Thérèse, la bonne, qui nie avoir eu une relation sexuelle avec un homme : « Mais j'vous jure, madame, j'ai pas couché ! » Comme pour montrer son adhésion aux exigences de sainteté exemptes de toute sensualité qui imprègnent la famille Le Quesnoy, Marie-Thérèse se veut vierge malgré son gros ventre... Et si ses dénégations insistantes sauvent les apparences, l'incrédulité et le désarroi de sa patronne laissent apparaître une faille dans le dispositif ambiant. Certes, Madame Le Quesnoy aimerait croire à cette grossesse « miraculeuse », mais cela paraît bien difficile... L'idéal de perfection morale (au sens judéo-chrétien du terme) du couple Le Quesnoy n'est pas plus crédible que la liberté de mœurs adoptée par la famille Groseille.

Bientôt, l'intrusion du « tout permis » de ces derniers va entraîner les enfants Le Quesnoy dans une débauche de transgressions et faire imploser le « tout interdit » d'une famille qui se veut exemplaire.

Momo a soigneusement introduit les grains de sable à l'origine du dérèglement de la machine Le Quesnoy. Il en observe, goguenard, les effets (les méfaits !) qui finissent par submerger parents et enfants. S'exprime alors, brutalement, une sexualité depuis trop longtemps bridée : « Vous me faites bander », lâchera le père à son épouse, comme emporté malgré lui par l'élan de débauche joyeuse qui règne chez les enfants.

Le navire des Le Quesnoy prend l'eau, les principes parentaux rigides se dissolvent. La scène où les enfants réunis des deux familles se baignent dans une eau glauque, interdite à la baignade, symbolise parfaitement ce début de naufrage.

Momo devient alors celui qui rétablit l'équilibre pour que les pulsions sexuelles des uns et des autres puissent s'exprimer, tout comme il redistribue à sa façon les biens matériels entre les deux familles en « empruntant » l'argenterie des Le Quesnoy pour la remettre aux Groseille. Son personnage imprégné d'adultomorphisme symbolise une forme de lucidité et de bon sens dont les adultes du film semblent être bien dépourvus, aucun d'entre eux ne pouvant prétendre être un référent pour les enfants. Au contraire, ce sont eux, les plus jeunes, qui renvoient les aînés à leurs erreurs éducatives et à leur impuissance, qu'ils soient laxistes et infantilisés comme les Groseille, ou rigides et égocentrés comme les Le Quesnoy.

En l'espace d'à peine un demi-siècle, comme les héros de ce film, nous sommes passés d'un excès à l'autre. Sans exagérer ni être taxé de ringardise, on peut affirmer que, de nos jours, le déballage sexuel se rencontre partout. Impossible d'y échapper : à tous les coins de rues, sur les affiches publicitaires, les couvertures de magazines suggestives des kiosques à journaux, sur Internet et, bien sûr, à la radio et à la télévision, dont certaines émissions racoleuses s'avèrent être de véritables vecteurs de vulgarité. Cette idéologie du « tout dire, tout montrer » pervertit plus qu'on ne veut bien l'admettre les comportements et le langage des enfants et des adolescents, ce dont les enseignants se plaignent à juste titre. À force de vouloir démontrer que l'on est dénué d'inhibitions et que l'on se joue des tabous, la pudeur et le respect sont désormais considérés comme des valeurs désuètes.

Sous le prétexte de ne rien cacher à l'enfant, dans notre société où règne le culte de la vérité jusqu'au cœur des familles elles-mêmes, on en oublie le respect dû à l'enfant, à son espace intime, celui où il cultive ses rêves à l'abri du regard de ses parents. Or ce respect passe avant tout par la pudeur des adultes : « C'est parce que l'enfant ne sait pas tout sur ses parents, et réciproquement, qu'il peut ainsi penser, fantasmer, exister. L'espace du secret peut se définir comme le lieu du colloque intime où coexistent un savoir sur soi et une volonté de se cacher d'autrui. Cet espace préserve le *self* de toute intrusion menaçante et permet au sujet de maîtriser ce savoir sur lui-même[1] », écrit le psychiatre et psychanalyste Pierre Lévy-Soussan.

Le diktat de la transparence à tout prix fait voler en éclats les barrières de l'intime. Bien des parents pensent opter pour une relation ouverte et authentique en ne cachant rien à leur enfant. Peu importe ce qui le concerne ou pas, ce qu'il peut comprendre ou pas en fonction de son âge. Sans le vouloir, ils font intrusion dans son espace personnel, alors qu'ils devraient, au contraire, assumer une fonction « filtrante », c'est-à-dire le protéger de la violence du monde et de ses dérives.

Les enfants sont perturbés par cet environnement agressif où les adultes ne s'interdisent pas grand-chose, au point que la violence, qu'elle soit parlée ou actée, en devient banalisée.

Si rien n'est tabou, comment se situer face à une sexualité exhibée sans retenue et sans qu'il soit tenu compte de l'immaturité des plus jeunes ? Nous savons pourtant que les interdits et les limites aident l'enfant à domestiquer ses pulsions pour différer une satisfaction sexuelle à laquelle il n'est pas prêt, ni psychiquement ni physiquement.

Dans les écoles, les instituteurs s'étonnent de scènes entrevues à la récré où des enfants pas plus hauts que trois pommes réinterprètent les jeux traditionnels du docteur et du papa et de la maman en imitant, en toute innocence, les déviances d'un environnement sexualisé, à la connotation souvent pornographique, auquel ils sont exposés malgré eux.

---

1. LÉVY-SOUSSAN Pierre, *Éloge du secret*, Hachette Littératures, 2006.

« L'omniprésence de la sexualité, l'absence de pudeur dans les échanges, les constantes allusions font que l'enfant finit par croire que cette exposition est normale. Ce qui est loin d'être le cas. Il n'est pas exagéré, à cet égard, de parler d'abus sexuel psychique [...]. Personne ne semble mesurer les dégâts que cela entraîne chez les enfants[1] », écrit Didier Lauru. Hyperactivité, difficulté à se concentrer, et donc à penser et à apprendre et, plus tard, à vivre une sexualité pleinement épanouie. Les représentations sexuelles subies trop tôt parasitent leur esprit, ne laissant plus de répit à l'excitation qu'ils ressentent. *Exit* la période de latence qui met « au repos » les pulsions jusqu'à l'adolescence !

Les professionnels de l'enfance dénoncent unanimement cet état des choses, cette crudité qui fait violence aux enfants, avec leurs effets traumatiques à long terme.

Sans nous en rendre compte, nous les privons de la sorte de l'espace de rêverie qui leur est nécessaire pour vivre leurs propres émotions, liées à leurs propres interrogations sur les énigmes de l'amour. Dans un univers au voyeurisme institutionnalisé, il n'y a plus pour eux de place laissée au mystère. Quelle tristesse ! Et s'ils n'ont plus grand-chose à découvrir, quel intérêt pour eux de se projeter dans l'avenir et ses promesses ?

Est-il encore possible de faire marche arrière ? Sans doute. Mais d'aucuns ne manqueront sûrement pas de dénoncer ce qu'ils nommeront un retour à la censure d'une époque pudibonde révolue ! Alors qu'en réalité il s'agit de protéger, le bon sens aidant, le domaine de l'enfance dans lequel les fantasmes des adultes ont fait effraction.

Sachons rester vigilants pour éviter à l'enfant et à l'adolescent de se construire une fausse maturité se traduisant par

---

1. DELPIERRE Laurence, LAURU Didier, *La sexualité des enfants n'est pas l'affaire des grands*, Hachette Littératures, 2008.

l'imitation plaquée des adultes, avec le risque qu'ils y perdent leur propre identité d'enfant.

Ce que transmettre veut dire

Les adultes ont le devoir de préserver l'enfant des aspects de leur vie qui ne le regardent pas et de le protéger de l'influence du monde extérieur lorsque celle-ci est néfaste. Mais il faut reconnaître que sur ce dernier point, la tâche est rude...

Aujourd'hui, les enfants sont plus exposés que jamais à une réalité crue, vulgaire et, simultanément, échappent de plus en plus tôt au contrôle de leurs parents. Ils ont à leur portée toutes sortes d'informations, via les médias, les téléphones portables, Internet... Naviguer sur la Toile n'a pas de secrets pour eux, dès qu'ils accèdent à la lecture, et même avant. Désormais, les parents ne sont plus les seuls dépositaires du savoir ; la transmission de l'expérience d'un aîné à un plus jeune se trouve réduite à une peau de chagrin...

Cet accès direct au monde et à ses violences n'est pas sans susciter craintes et interrogations. Les jeux vidéo, notamment, sont régulièrement accusés d'être en partie responsables de la montée de l'agressivité chez les enfants et les adolescents. Tous les spécialistes ne sont pas unanimes sur ce point cependant : certains dénoncent une contamination des jeunes par écrans interposés quand d'autres, tel le psychanalyste Michael Stora, y voient davantage un exutoire libérateur[1]. Néanmoins, cet accès à des images crues pose question et en inquiète plus d'un. Dans le premier chapitre

---

1. STORA Michael, *Les écrans, ça rend accroc... ça reste à prouver*, Hachette Littératures, 2007. Michael Stora a créé l'Observatoire des mondes numériques en sciences humaines.

de son remarquable *Lignes de faille*[1], la romancière Nancy Houston décrit le quotidien sidérant d'un petit Américain de six ans. Surprotégé par une mère qui satisfait tous ses caprices, le petit garçon, persuadé d'être l'égal d'un dieu, passe des heures devant son ordinateur à regarder des images d'actes de torture et de viols durant la guerre en Irak, tout en se masturbant pour évacuer la tension que ces scènes provoquent en lui.

Bien des parents ont le sentiment, proche de la panique quelquefois, d'être confrontés à des forces qui les dépassent et influencent leurs enfants à leur insu. Le moins que l'on puisse dire, c'est qu'effectivement, leur rôle s'en trouve considérablement affaibli ! Mais où sont-ils donc pour répondre à l'attente d'échanges et de dialogue de leur progéniture ? Les écrans, ceux de la télévision comme ceux des ordinateurs et des téléphones mobiles, n'auraient-ils pas pour fonction de combler le vide laissé par cette absence ?

D'ancienne forteresse imprenable, la maison est devenue de fait une demeure ouverte à tous vents où s'engouffrent certains dangers venus de l'extérieur, et contre lesquels les parents ont bien du mal à protéger leurs enfants. Ils sont sommés d'être plus vigilants que jamais pour que leur progéniture ne leur échappe pas totalement. S'ils avaient auparavant le pouvoir de filtrer les relations de celle-ci avec le monde extérieur, cela est rendu plus aléatoire de nos jours, du fait qu'ils sont de plus en plus occupés par leur carrière (femmes et hommes confondus), et que leurs enfants sont ainsi davantage livrés à eux-mêmes, et donc aux influences extérieures où le Net occupe une large part.

Du reste, les parents ont perdu de leur crédibilité. La supra-connaissance se trouve désormais sur la Toile : elle

---

1. Huston Nancy, *Lignes de faille*, Actes Sud, 2006.

dispense gracieusement toutes sortes d'informations, peu importe qu'elles soient parfois contradictoires. De toute façon, sérieuses ou non, elles prennent valeur de vérité, la seule acceptable car elle ne provient pas des parents, dont les connaissances sont considérées comme dépassées, sinon intrusives...

Allusions à quelques situations vécues... Besoin d'une recette de gâteau ? *Exit* celle de la grand-mère empreinte de parfums d'enfance et de plaisir partagé... Place à l'ordinateur qui trône sur la table de la cuisine. En outre, Internet ne s'encombre pas d'affects inutiles ! La recette est simple, claire, mais sans odeurs ni saveurs... Pas de risque de se laisser attendrir, ni d'être redevable à quiconque de sa réussite. Pas de remerciements ni de partage à la clé. On ne doit plus rien à personne et c'est tant mieux. Vive l'indépendance !

Besoin d'un itinéraire pour atteindre le lieu de vacances ? *Exit* l'expérience des parents qui l'ont pratiqué des années durant et en connaissent les moindres écueils. Bienvenue à Internet, qui ne se souciera pas de savoir si les routes secondaires, censées raccourcir le trajet, sont compatibles avec un voyage de nuit, des indications illisibles et personne à qui demander son chemin. Au risque de se retrouver au milieu de nulle part, la voiture pleine d'enfants et cinq heures de route supplémentaires en prime... Mais Internet a toujours raison et a le privilège de proposer la diversité, la multiplicité des solutions ou des réponses, face à des parents qui n'ont que la leur... De plus, il ne contredit pas, lui !

Voilà le monde à portée de tous, notamment à celle des enfants enfin libérés de l'influence parentale. Mais aussi à la portée des parents, en partie soulagés d'être désormais dispensés de devoir convaincre leur progéniture de la validité de leur longue expérience, trop souvent méprisée ou mise en doute.

Il n'est certes pas question de dévaloriser l'importance d'une telle avancée technologique qui met à la portée de tous, sans limitation de temps et en toute équité, des informations sur n'importe quel sujet. Mais une interrogation de taille subsiste : comment faire en sorte que le savoir des adultes tutélaires ne soit pas totalement discrédité et garde sa valeur irremplaçable de transmission ? Car leur expérience est la trace d'un parcours dans le temps, d'une accumulation de vécus singuliers et d'une histoire familiale enrichie de péripéties originales.

De nos jours, personne ne semble reconnaître cette expérience individuelle, et ce d'autant que l'on rêve de rester adolescent toute la vie, tandis que, paradoxalement, on devient « senior » dans le monde du travail dès quarante-cinq ans… Adulte ridiculement dépassé à cet âge dans le monde merveilleux des nouveaux médias, comme en témoigne cette publicité télévisée pour un fournisseur d'accès Internet où un quadragénaire, l'air benêt, tente de comprendre les explications que lui jette, méprisant, un groupe d'adolescents.

Ce monde du savoir universel peut également se révéler terriblement angoissant, pour les enfants comme pour leurs parents. Il n'y a personne pour y jouer un rôle de médiateur, de filtre. Ainsi, par exemple, quiconque cherchant sur la Toile des explications médicales peut se découvrir toutes sortes de maladies somatiques ou psychologiques à travers une liste de symptômes avalés tout crus et impossibles à nuancer… Un exemple parmi d'autres du « tout savoir », du « tout gérer », auquel les adultes se réfèrent sur Internet, alors qu'il y a, dans la vie non virtuelle, des professionnels compétents pour les informer. Des adultes désormais hésitants à s'appuyer sur leurs propres savoirs, nés de leurs expériences ou de celles de leurs aînés.

Lara ou l'enfance à perpétuité

Le cas de Lara, au-delà de sa tonalité particulière, est emblématique des différents maux qui peuvent affecter la relation parents-enfant : tout y est à l'excès et ce qui le rend si exemplaire est l'appropriation d'une enfant comme « objet de désir » par là même empêchée de grandir...

Lara est une jeune adulte que je reçois en analyse depuis plusieurs années pour des difficultés liées à une peur intense de l'Autre. Dépourvue d'un code affectif commun le plus élémentaire, elle se retrouve dans l'incapacité de comprendre les autres et de créer des liens avec eux. Cette peur, accompagnée d'inhibition et d'un manque d'empathie, la frustre et la fait souffrir au quotidien.

Adoptée à l'âge de trois mois par un couple relativement âgé et sans enfant (la femme était stérile), elle a été élevée par une mère surprotectrice et un père pour qui seuls comptaient les échanges intellectuels, les manifestations d'affection et les contingences matérielles étant réservées à son épouse.

Selon ses propres termes, Lara se vit comme « inachevée », « sans autonomie ni idées personnelles ». Elle considère ses brillantes études, qui l'ont menée à une carrière administrative prestigieuse, comme le résultat d'un « simple rabâchage » n'ayant rien déve-loppé de créatif chez elle. « J'ai été la parfaite petite élève dont rêvait mes parents. » Elle se plaint également de souffrir d'étranges troubles de la mémoire, très invalidants : « Quand je ne vois plus quelque chose ou quelqu'un, son image s'évapore et je n'en garde aucune trace. Comme si cela n'avait jamais existé... »

À propos de son enfance, elle raconte : « Ma mère a toujours tout fait pour moi. Elle décidait de ce qu'il me fallait, même à l'adoles-cence, et répondait à ma place aux questions qui m'étaient direc-tement posées. Elle s'est approprié ma personne comme un objet merveilleux qui la valorisait et qu'elle aimait mettre en avant, malgré ma timidité et mes réticences. Un sentiment de honte m'envahissait face aux louanges qu'elle déversait à mon sujet, à tout propos et sans la moindre censure, ce qu'elle continue à faire

143

aujourd'hui. Mon intimité était ainsi exposée et cela blessait profondément ma pudeur. Pour elle, j'étais une enfant-vitrine... Du reste, ma mère ne me voit toujours pas telle que je suis. Elle voit quelqu'un d'autre », ajoute-t-elle amèrement.

Lara souffre depuis toujours du manque de respect d'une mère aimante, mais néanmoins incapable d'accepter que sa fille puisse aspirer à avoir une existence propre. Son espace intime était constamment violé, ce qu'elle ressent aujourd'hui comme une forme de maltraitance. Lara était la propriété exclusive de sa mère, comme tout ce qui pouvait la concerner. Elle ne lui avait concédé aucun espace qui lui aurait permis d'expérimenter une ébauche d'autonomie. « Obsédée par les dangers éventuels que je pouvais courir, ma mère faisait en sorte de ne jamais me perdre de vue. » Jusqu'à l'obliger à dormir avec elle à la place du père (les époux faisaient chambre à part), une obligation dont Lara avait conçu un véritable dégoût du corps maternel et, par extension, du corps tout court.

L'angoisse de cette mère la portait à « absorber » sa fille pour la protéger du monde entier, sans réaliser l'ampleur des dégâts causés par une attitude que Lara parvient à déchiffrer avec une grande finesse : « En raison de la perte de ma mère biologique, la peur qu'éprouvait ma mère à l'idée de me perdre rencontrait ma propre angoisse de l'abandon et l'amplifiait au point que je me sentais attachée à elle de façon fusionnelle, par crainte de la voir disparaître à son tour... Ma mère me retenait prisonnière. Je disparaissais littéralement en elle au point de ne plus m'appartenir. Mon père n'a jamais joué son rôle, il ne s'est pas interposé entre elle et moi, manifestant son existence par le seul biais d'échanges intellectuels. Il ne m'a pas libérée d'elle. Aujourd'hui encore, elle suscite en moi un mélange de dégoût physique profond et de peur panique. Quand elle vient chez moi, je cauchemarde : elle va ouvrir tous mes placards, commenter, critiquer... J'angoisse face à une mère qui a toujours raison, et face à moi-même, qui ne suis bonne à rien. "Un plat de nouilles", comme elle disait tout le temps. Parfois, une pensée terrifiante me traverse : j'ai été élevée comme une princesse. Soit, cela a des avantages : du confort, des gens qui préviennent vos moindres désirs. Mais, outre le fait que je ne sais pas désirer quoi que ce soit, faute d'avoir expérimenté l'effort et la surprise, je suis coupée de la réalité, de la vraie vie, dont je me suis trouvée protégée de manière excessive ! Au cas où elle aurait développé des velléités de fuite, la petite princesse a également été élevée dans l'idée qu'elle ne savait rien faire de ses dix doigts, qu'elle était inapte à tout si ce n'est au travail intellectuel, qu'on ne pouvait pas compter sur son aide, sur elle. Résultat catastrophique, je me juge moi-même comme bonne à rien... Je ne suis qu'un pur esprit sans aucune utilité. Cette enfance surprotégée m'a privée de repères essentiels, de règles et de limites qui maintenant m'obsèdent. Je n'ai aucune notion des proportions, finalement aucune notion de moi-même. Tellement nourrie, gavée de désirs devancés... En m'installant seule pour mes études, par exemple, je ne savais jamais quelle quantité de nourriture je devais manger ni comment évaluer le degré de ma faim. J'étais capable d'avaler cinq cents grammes de pâtes sans me poser de questions, juste pour finir le paquet ! »

Pendant que Lara évoque les relations fusionnelles et castratrices qui l'unissaient à sa mère, je ne peux m'empêcher de penser à la dimension de rivalité inconsciente de cette dernière vis-à-vis de sa fille, dont elle craignait sans doute l'émergence de la féminité, potentiellement incontrôlable. Au point de lui décrire les organes sexuels, masculins et féminins, comme « inesthétiques et répugnants ».

Lara évoque son ventre comme « vide », « sans organes de reproduction ». « Vide » est le terme qui reviendra sans cesse durant ces années d'analyse, tant sur le plan anatomique que psychique. Elle se vit comme un individu « en creux ». Aussi loin que Lara se souvienne, sa mère insistait pour qu'elle ne prenne pas le risque de « faire un enfant biologique, mais de passer plutôt par l'adoption », moins dangereuse selon elle !

Faire un enfant naturellement risquait, en effet, d'introduire une différence angoissante, liée à une expérience que sa mère n'avait jamais eu le privilège de connaître. Du reste, cette dernière a depuis toujours fait l'impasse sur la naissance de sa fille adoptive. « C'est comme si j'étais née sur le papier le jour de mon adoption et que rien ne s'était passé auparavant dans ma vie. Pour mon père et ma mère, je n'avais pas de parents biologiques. » Née de rien, du vide, en somme...

Était-ce pour se protéger de cette tromperie et du vol psychique de son histoire que, progressivement, Lara était devenue insensible ? Elle avait perdu tout contact avec son intériorité, tant corporelle que psychique, au point de ne plus rien ressentir, ni tristesse ni joie. Son affectivité était comme verrouillée.

Étrange mère, aimante certes, mais à l'excès, au point d'être dévorante... Il m'apparaissait qu'à la racine de son comportement aberrant, il y avait une grande peur : la peur de sa fille qui, du fait même de grandir, risquait d'évoluer, de devenir une femme et de ne plus pouvoir jouer le rôle du miroir dans lequel sa mère pouvait se refléter pour conjurer, sans doute, d'anciennes blessures. Pour qu'elle ne lui échappe pas, elle avait transformé Lara en pantin. Gare au moment où celui-ci, comme Pinocchio, s'enfuirait par la fenêtre expérimenter le vaste monde !

Un long travail psychanalytique aidera Lara à sortir progressivement de sa profonde solitude, jusqu'à s'autoriser à rechercher la trace de ses parents biologiques et des bribes de son histoire jusqu'alors niée. Développant pas à pas une « intériorité » et se construisant un Moi authentique trop longtemps entravé, elle parviendra enfin à nouer une relation sentimentale forte avec un homme. Elle découvrira enfin une sexualité que sa mère refusait d'envisager pour sa fille, et peut-être bien pour elle-même, tant Lara exprimait des doutes sur l'existence d'une intimité entre ses parents.

Simultanément, Lara prendra du plaisir à se souvenir des choses, comme si elle se réappropriait non seulement sa personne, mais également son passé.

Aimer son enfant, un malentendu ?

La croyance selon laquelle un enfant est le « produit » de son éducation est une idée plus répandue que jamais dans notre société où règne le culte de la rentabilité, donc de l'investissement. Or un enfant n'est pas une page blanche, une pâte malléable sous les doigts des adultes, aussi bienveillants soient-ils. Il naît avec un capital génétique qui ne concerne pas seulement sa taille ou la couleur de ses yeux, mais aussi ses traits de caractère, ses réactions, héritées pour certaines d'un ascendant. Ou même, selon cette fabuleuse loterie que sont les lois de l'hérédité, de plusieurs ascendants !

Ainsi, dans *La vie est un long fleuve tranquille*, Momo donne la preuve de sa filiation avec le père Le Quesnoy : tous deux ont le même tic, un bref haussement nerveux de l'épaule dans les moments de tension. De son côté, Bernadette se sent irrésistiblement attirée par les accessoires féminins (bijoux, maquillage, talons aiguilles) et en use en cachette avec une certaine vulgarité qui n'est pas sans rappeler celle de sa famille d'origine.

Croire que tout est une affaire d'apprentissage revient à nier la diversité biologique. À l'inverse, reconnaître que les apprentissages s'appuient sur une singularité individuelle, c'est aussi accepter que les parents ne soient pas responsables de tout, comme on a trop tendance à l'affirmer aujourd'hui. On le voit dans les fratries : bien que les enfants soient élevés dans le même environnement, chacun choisit une voie qui lui est propre, parfois inattendue. N'est-ce pas là une vérité libératrice ?

Ne pas être responsable de tout signifie ne pas être tout-puissant et, par conséquent, s'autoriser le droit à l'erreur... Il ne faudrait pas en conclure qu'en matière d'éducation ne règnent que la fatalité et le déterminisme ! Non, car l'enfant est aussi « programmé » génétiquement pour apprendre. Si les parents doivent accepter de faire avec les singularités de leur enfant, ils ont aussi la possibilité d'y imprimer leurs valeurs morales, leurs règles de vie et leur culture. À l'enfant, à mesure qu'il grandit, de choisir ce qu'il rejettera ou conservera pour le transmettre à son tour à ses enfants. Pour atteindre cet objectif, les adultes doivent définir en priorité leur place et leur fonction au sein de la famille. Et mettre fin à ce gigantesque malentendu sur ce qu'aimer veut dire...

Aujourd'hui, aimer son enfant consiste essentiellement à combler très tôt ses désirs. La frustration, vécue comme une atteinte à la liberté d'être et au droit à l'autonomie pour chacun, est devenue si intolérable tant aux enfants qu'aux adultes, que ces derniers ne parviennent plus à l'imposer.

Enfant précieux puisque « désiré », qualificatif désormais incontournable comme un label de qualité trop aisément confondu avec le bébé « programmé ». En miroir du désir dont il est porteur, il ne manquera pas d'exprimer à son tour des désirs insatiables, équivalents à des besoins impératifs dont dépendrait sa vie même !

La satisfaction qu'il en retire est alors censée lui permettre de mesurer l'amour que ses parents lui portent. Une affection dont la qualité s'évalue ainsi à l'aune des objets offerts et momentanément comblants, objets de consommation à renouveler sans cesse pour lui prouver combien il est aimé. Un cercle vicieux !

La dette de vie que les enfants des générations précédentes devaient à leurs parents s'est de nos jours inversée. Ce sont désormais les adultes qui ont une dette de vie aux limites sans cesse repoussées à l'égard de leurs enfants, qu'ils comblent sans mesure.

Auparavant, la venue d'un bébé s'inscrivait naturellement dans la vie de la famille. Les parents ne cherchaient pas l'idéal de la perfection, ni dans l'enfant lui-même ni dans la relation avec lui. Dans le meilleur des cas, l'enfant représentait le prolongement de ses parents, qui se contentaient de transmettre leur code de comportements, auquel lui devait s'adapter sans contester.

Le diktat de notre société va plutôt dans le sens d'un triple impératif : « Épanouis-toi ! », « Sois toi-même ! » et « Ne dépends plus de nous ! » Injonctions contradictoires exprimées par les parents, dans la mesure où ils ont grand besoin de leur enfant pour se sentir exister ; injonctions angoissantes pour ce dernier, qu'il apaise en restant collé à eux et en les poussant à bout par ses exigences sans freins, pour vérifier leur attachement. « Chaque époque impose son langage à l'amour familial. La nôtre prescrit la langue des objets[1] », observe à juste titre l'écrivain Daniel Pennac.

Un enfant, aussi comblé soit-il, se sent-il pour autant respecté du fait qu'on ne lui refuse rien ? Pas sûr... Car on ne se pose plus la question de savoir si, au-delà de ses exigences, il n'espère pas autre chose. Et si cette escalade artificielle dans le consumérisme tous azimuts cachait un manque plus profond ? Une véritable angoisse existentielle, celle de n'être justement pas assez investi, pas suffisamment considéré puisque – à l'exception de ses résultats scolaires – tout est mis à sa portée sans qu'on n'exige rien d'autre de lui en retour.

Cette question de la reconnaissance paraît incongrue à bien des parents : « Pourquoi exiger de son enfant, qui n'a pas demandé à naître, qu'il restitue d'une manière ou d'une autre ce don de vie censé le combler ? » Il en va pourtant du sens de la vie, qui veut que lorsqu'on a beaucoup reçu, on sache donner à son tour...

Or, paradoxalement à ce principe selon lequel l'enfant ne leur doit rien, on entend fréquemment les parents se plaindre que « tout lui est dû » et qu'« il n'exprime jamais de gratitude ». Pourtant, disent-ils, nous faisons tout pour lui ! Enfant dont les besoins sont sans cesse anticipés, enfant surprotégé par des adultes effrayés à l'idée de devoir lui imposer de

---

1. Pennac Daniel, *Chagrin d'école*, Gallimard, 2007.

« pénibles » frustrations… Comment cet enfant-là, qui ne connaît en conséquence ni le sens de l'effort, ni les bénéfices secondaires qu'il peut en tirer, pourrait-il faire autrement que penser que tout lui est dû ?

Un enfant trop facilement « gavé » se transforme en un enfant privé de son désir de faire ses preuves, de montrer ce qu'il est capable de découvrir par lui-même, d'affronter l'épreuve de réalité et de composer avec elle grâce aux limites imposées par ses parents. « On ne devient homme qu'en se surpassant », écrivait Aristote.

Croire que ces limites sont un abus de pouvoir, un attentat à l'épanouissement de l'enfant, serait une erreur. Au contraire, dans un cadre bien adapté, l'exercice d'une autorité ferme et bienveillante devient valorisante pour l'enfant comme pour l'adolescent. Elle est le signe de l'attention qu'on lui porte, de la confiance accordée en ses capacités d'évolution. C'est aussi donner du sens à ses actes en lui permettant de prendre conscience et d'intégrer ce qui est bien ou mal, permis ou interdit, ou encore susceptible d'être négocié. Il fera ainsi l'apprentissage des codes de la relation à l'Autre, une clé essentielle pour son intégration dans la société.

Or les parents, dont le désarroi est flagrant et qui sont obsédés par le désir de rendre leur enfant heureux à tout prix, oublient l'importance structurante de l'autorité, mais aussi, lorsque cela s'avère nécessaire, de la sanction. Bien que pénible, elle apparaît sécurisante pour l'enfant lorsque sa tendance naturelle à transgresser les limites imposées devient excessive au point de provoquer une situation nuisible pour lui ou pour l'Autre.

Dans un parc, une grand-mère qui surveille ses deux petits-enfants de sept et cinq ans, occupés à jouer dans le bac à sable, est abordée par une fillette et son frère, un peu plus âgés : « Est-ce que vos petits-fils pourront venir jouer avec nous tout à l'heure, quand nous viendrons les chercher ? » demande-t-elle avec un certain aplomb. Les deux garçons semblent ravis par cette invitation inattendue, que leur grand-mère, confiante, accepte volontiers.

Bientôt, la fillette, toute de séduction, entraîne les deux frères à l'ombre d'un grand pin, sur les branches basses duquel un groupe d'enfants est déjà installé. Des cris s'élèvent aussitôt. Reconnaissant la voix de ses petits-fils, la grand-mère se précipite et découvre le stratagème mis en place par le groupe mené par la fillette : les deux petits garçons viennent d'être aspergés par l'eau contenue dans des seaux placés en équilibre sur une branche, et renversés sur eux dès leur arrivée sous l'arbre. La troupe d'enfants, ravis par la réussite de leur plan, s'esclaffent devant la mine déconfite de leurs victimes trempées jusqu'aux os.

Tout en essayant de les rassurer et de les sécher comme elle le peut, la grand-mère interpelle la fillette : « Pourquoi avez-vous fait cela ? Aimerais-tu qu'on te fasse la même chose ? » Et celle-ci de répondre avec effronterie, encouragée par l'hilarité de ses complices : « C'est un jeu très amusant que nous faisons d'habitude avec des enfants qui ne connaissent pas le parc aussi bien que nous, et ça marche à tous les coups ! » « Où donc sont tes parents ? » demande la dame. La petite fille lui désigne du doigt sa mère, installée non loin sur un banc et que la scène ne semble pas avoir émue le moins du monde. La grand-mère s'approche d'elle, bien décidée à lui faire part de ce qu'elle considère comme un acte répréhensible qui vaut bien une semonce. La maman s'étonne : « Ils ne font que jouer sur leur territoire, et tout enfant qui s'y aventure court le risque d'être arrosé ! C'est tout, et ce n'est pas bien grave ! » La grand-mère insiste : « Votre fille est venue chercher mes petits-fils sans les informer de ce qui les attendait. Cela s'appelle un piège, madame ! Moi-même, j'ai été trompée lorsque j'ai accepté qu'ils jouent avec vos enfants ! »

Bien loin d'avoir l'intention de faire prendre conscience à ces derniers de la méchanceté de leur acte, comme tout adulte qui se respecte dans son rôle d'initier les plus jeunes à ne pas avoir d'emprise sur un autre, la mère les prend à témoin, affirmant par là même sa complicité : « N'est-ce pas que vous ne faites rien de mal puisque ce n'est qu'un jeu sans danger ? »

151

Quid de l'humiliation subie par les deux petits garçons ? Question saugrenue tant pour la mère que pour ses enfants, réunis dans la même attitude perverse où n'existe ni sens moral, ni respect de l'autre, ni le moindre sentiment de culpabilité...

Cet exemple inspire stupeur et inquiétude, parce que l'adulte responsable se situe au même niveau que l'enfant dont il cautionne les actes répréhensibles au lieu de les sanctionner.

« Elle a du caractère et du répondant, elle ne se laissera pas faire dans la vie ! » conclut sur un ton admiratif cette mère à propos de sa fille, avant de rejoindre la petite troupe d'enfants, ainsi confortée dans la pratique d'un jeu dont elle est coutumière. Un passe-temps douteux qui fera sans aucun doute bien d'autres petites victimes, piégées dans ce qui mérite le terme de « traquenard ». Avec la bénédiction de l'adulte...

Que deviendront ces enfants si peu confrontés aux interdits et à la loi ? Leurs parents ne risquent-ils pas, un jour ou l'autre, de devenir à leur tour les victimes des transgressions de leur progéniture ? Le laxisme dont ils ont fait preuve à cet égard les placera alors dans la position de l'arroseur arrosé...

Revenir à l'essentiel : communiquer

D'une façon générale, les parents estiment avoir une dette à l'égard de l'enfant « désiré », dont la venue les a comblés, et s'en acquittent en accédant au moindre de ses désirs. Il aurait bien tort de ne pas accepter ce qui lui est si facilement accordé ! D'autant qu'il comprend les « cadeaux » qui lui sont faits comme une compensation à l'absence de ses parents, pris par leurs activités professionnelles. Mais, plus il vit dans le manque de leur compagnie, plus il réclame d'objets pour se rassurer sur l'intérêt qu'ils lui portent et les monopolise par des demandes incessantes. «Besoin d'amour ou désir d'objets, c'est tout comme puisque les preuves de cet amour passent par l'achat de ces objets[1]», écrit encore Daniel Pennac. Un vrai marché de dupes!

Voilà l'enfant privé de l'essentiel, c'est-à-dire de la relation à l'Autre, d'une nourriture affective qui passe davantage par la communication que par les cadeaux.

L'être humain est avant tout «un être de langage», écrivait Françoise Dolto. «Un être dont le désir est d'établir une communication avec l'autre, semblable ou différent de lui[2].»

Un enfant qui ne bénéficierait pas dès la naissance de la communication langagière qui accompagne les soins nécessaires à sa survie risquerait de se dévitaliser et de désinvestir progressivement la vie. Le langage est primordial pour grandir, non seulement parce qu'il organise et structure la pensée, mais aussi parce qu'il constitue la base des échanges avec les humains et qu'il s'y inscrit comme une marque de considération et de confiance en sa capacité à comprendre, et donc à évoluer.

Dans la famille Le Quesnoy comme dans la famille Groseille, il n'y a pas d'échanges véritables, dans la confiance, et avec des adultes qui seraient conscients de leur rôle. Il ne peut y en avoir chez les Groseille puisque, implicitement, les parents cautionnent et s'associent aux transgressions des enfants; quant aux Le Quesnoy, ils ont tellement balisé et verrouillé l'espace personnel de leur progéniture que la transgression y est impossible, pas plus que la négociation. Du moins jusqu'à l'intervention malicieuse de Momo qui fait la démonstration magistrale qu'aucune forteresse n'est imprenable!

---

1. *Op. cit.*
2. DOLTO Françoise, *Tout est langage*, Gallimard, 1995.

Dans les familles actuelles, on parle généralement beaucoup... Mais de quoi ? Il semblerait que les enfants soient abreuvés en permanence d'informations de toutes sortes, à une époque où le droit à l'expression libre, qui s'articule avec la norme du « tout dire », a pris le pas sur l'importance donnée au contenu. Ainsi les enfants, même très jeunes, connaissent tout sur les guerres, le sida, sur des réalités d'adultes dont ils ne savent que faire. La parole, comme le tonneau des Danaïdes, est un puits sans fond dans lequel on peut mettre tout et n'importe quoi... avec l'illusion de communiquer !

Or parler avec son enfant, c'est avant tout échanger avec lui, être sincère dans une écoute attentive et réciproque qui constitue non seulement le meilleur des outils éducatifs, mais aussi la plus belle des preuves d'amour...

Tout enfant se révèle capable de renoncer à une satisfaction immédiate et éphémère si on lui propose d'en parler et de réfléchir à sa validité. L'échange de parole lui donnera les raisons et la force de s'en passer. Il en tirera le bénéfice appréciable d'un rapprochement affectif avec ses parents qui lui manifestent ainsi leur intérêt. Avec, pour effet positif, de le faire grandir dans son estime de lui-même.

Lorsqu'il se trouve confronté à un refus signifié par l'adulte face à certaines de ses exigences, il proteste ou se révolte à mesure qu'il grandit. Il importe alors de reconnaître qu'il est mécontent et de mettre des mots sur sa déception, sans jamais nier ce qu'il ressent et en échangeant avec lui sur ce sujet. L'important est d'établir les conditions qui lui permettent de dépasser son insatisfaction du moment. Il en oubliera spontanément l'objet de sa convoitise.

L'échange verbal confirme à l'enfant que son ressentiment n'est pas méprisé, mais au contraire légitimé, même si le refus posé à son exigence ne peut être remis en question. Car le parent reste, malgré tout, celui qui décide : « Un adulte, c'est grand ! Ça sert à surveiller les enfants si jamais ils touchent à une scie ou à la casserole allumée sur le feu ! » s'exclame Eythan, six ans. « En tout cas, un adulte, c'est pas moi, parce que je ne peux pas encore prendre des décisions tout seul », reconnaît Noé, onze ans. Intuitivement, les enfants savent ce dont ils ont besoin pour se construire…

Encourager l'enfant à verbaliser ce qu'il vit passe d'abord par la parole empathique de l'adulte qui met des mots justes sur le ressenti infantile. Car l'enfant n'a pas d'emblée accès à l'expression de ses émotions et savoir parler de soi exige des années d'apprentissage. Lorsqu'il acquiert la capacité de s'exprimer sur lui-même, il peut s'affranchir de ses pulsions, souvent bien aliénantes et susceptibles de l'amener à braver les interdits quand le conflit s'installe.

Il ne faut pas voir là une quelconque manipulation de l'adulte sur l'enfant, mais une marque de respect et de confiance dans sa capacité à s'analyser et à apprendre peu à peu à se contrôler. « Tout enfant a l'intelligence de la vérité des échanges affectifs », affirmait Françoise Dolto.

Mais, trop souvent, les parents restent bloqués par la peur de déplaire à leur enfant s'ils refusent de contenter ses demandes, même lorsqu'elles sont injustifiées ou fantasques.

Il leur revient de comprendre que tout enfant teste la capacité de l'adulte à lui résister. Transgresser est, en quelque sorte, son « métier ». Or, s'il constate qu'il lui suffit d'exiger pour recevoir, il se forgera un sentiment de toute-puissance néfaste dans son rapport avec les autres, avec ses pairs notamment. En outre, l'adulte aura perdu au passage toute crédibilité, ce que l'enfant ne cessera de vérifier en revenant à la charge…

À cet égard, rappelons que Donald W. Winnicott a insisté sur le fait qu'aucun enfant ne souhaite réellement avoir l'avantage sur l'adulte, ce qui a pour effet néfaste de l'insécuriser.

Lorsque l'échange ne suffit pas à endiguer ses débordements, au point qu'il transgresse les interdits, alors s'impose le recours à la sanction. Mais laquelle ? C'est aux parents d'en évaluer la nature, selon le code en vigueur dans chaque famille. Pourvu qu'elle soit adaptée à l'âge de l'enfant, ne soit pas disproportionnée à l'acte et, bien sûr, soit exempte de violences.

La sanction est utile là où la parole a échoué, car elle offre à l'enfant le moyen de « réparer » la faute perpétrée, et donc de sortir de sa culpabilité inconsciente.

C'est en ne le laissant pas se complaire dans l'impunité (donc dans la toute-puissance), que l'enfant intériorise les interdits des parents. Il se forgera peu à peu un Surmoi qui lui permettra de se censurer et de savoir maîtriser sa tendance naturelle à la transgression.

Ainsi apprendra-t-il à se rendre indépendant des adultes tutélaires et à juger par lui-même pour se forger les moyens d'affronter la vie et ses avatars.

« N'ayez pas peur », recommandait Françoise Dolto. Et j'ajoute : « Parents, n'ayez pas peur de vous. Ni de vos enfants. »

Conclusion

De quoi les parents auraient-ils peur? On peut formuler une hypothèse, celle d'une confusion entre la peur *de* l'enfant, c'est-à-dire d'un désamour de sa part lorsque ses désirs se trouvent contrariés, et la peur *pour* l'enfant, autrement dit pour son devenir, tant sur le plan de son épanouissement que de la réussite scolaire.

Cependant, à l'analyse de ce qui a été évoqué tout au long de cet ouvrage, il semblerait qu'en réalité, dans un cas comme dans l'autre, les parents aient avant tout *peur d'eux-mêmes*: peur de ne pas savoir s'y prendre, de commettre des erreurs, de ne pas adopter la bonne attitude, de ne pas trouver les bonnes réponses, les solutions les meilleures... Or il en va ainsi depuis la nuit des temps: la responsabilité de la vie et de l'éducation d'un enfant est toujours une aventure exceptionnelle, mais souvent mouvementée! Normalement, les angoisses parentales sont « moteurs » dans le sens où elles nous portent à rester en alerte pour accomplir cette tâche au mieux des possibilités de chacun.

Mais les angoisses de mal faire ont atteint une telle intensité aujourd'hui qu'elles ne sont plus « moteurs », mais « freins », voire « pannes ». Qu'elles soient diffuses ou clairement ressenties, ces craintes sont largement alimentées dans notre société par les médias et leur abondance de conseils, d'explications prémâchées, de recettes toutes faites, d'injonctions de toute nature qui confortent les parents dans l'idée qu'ils sont, décidément, bien ignorants en matière d'éducation! En auraient-ils perdu toute confiance en eux?

En allant plus loin, on peut ajouter que cette perte d'assurance est peut-être responsable des comportements régressifs de nombre d'adultes pris dans une nostalgie de l'enfance, avec son désir de toute-puissance et... son égocentrisme! Serait-ce le « moi d'abord » infantile des adultes que les enfants répètent en miroir?

Et pourtant, les parents savent... Depuis l'origine de l'homme, les adultes ont toujours su, tant bien que mal, élever leurs petits. Chacun d'entre nous est riche d'une histoire, d'un vécu et d'intuitions face à *son* enfant à nul autre semblable. C'est en s'appuyant sur son ressenti que l'adulte sera plus en mesure de prendre la place qui lui revient, celle d'un dispensateur d'amour doublé d'un éducateur. Encore faudrait-il que, dans l'exercice de leur rôle, les parents soient soutenus par la société sans que celle-ci se substitue à eux, ajoutant ainsi à leur culpabilité...

Malgré l'évolution des savoir-faire éducatifs, le sens profond de l'éducation est resté le même : élever un enfant consiste avant tout à le préparer à quitter un jour sa famille pour s'insérer dans le monde, après avoir fait l'apprentissage des codes de la vie sociale dans la microsociété que représente la structure familiale. C'est à ce prix qu'il trouvera la liberté d'être lui-même parmi les autres. Tout comme Pinocchio, au terme de nombreuses mésaventures qui lui permettront de devenir un humain, enfin capable d'assumer des responsabilités, ainsi que l'analyse l'écrivain Paul Auster : « L'être de Pinocchio est antérieur à son corps : sa tâche, tout au long du livre, sera de le découvrir, en d'autres mots de se trouver, ce qui signifie qu'il s'agit d'une histoire de devenir... » Et l'auteur d'observer son fils de trois ans, fasciné par l'image de Pinocchio nageant avec son père sur le dos pour le sauver de la baleine : « Voir Pinocchio, ce pantin étourdi, toujours trébuchant d'une mésaventure à l'autre, déterminé à être sage mais incapable de s'empêcher d'être méchant, ce même petit pantin maladroit, qui n'est même pas un vrai garçon, devenir un personnage salvateur, celui-là même qui arrache son père à l'étreinte de la mort, c'est un instant sublime de révélation[1]. »

« Et sans rien ajouter, Pinocchio prit la bougie et, passant devant pour éclairer, il dit à son père : "Suivez-moi et n'ayez pas peur." »

---

1. AUSTER Paul, *L'Invention de la solitude*, Actes Sud, « Babel », 1982.

Bibliographie

Le Carnet psy, n° 81, mai 2003.

Pas de 0 de conduite pour les enfants de 3 ans !, Érès, 2006.

ANDRÉ Christophe, *Psychologie de la peur*, Odile Jacob, 2005.

AUSTER Paul, *L'Invention de la solitude*, Actes Sud, « Babel », 1982.

BUZYN Etty, *Papa, maman, laissez-moi le temps de rêver !*, Albin Michel, 1995 ; *Me débrouiller, oui, mais pas tout seul !*, Albin Michel, 2001.

CASTELAIN-MEUNIER Christine, *Pères, mères, enfants*, Flammarion, 1998.

COMTE-SPONVILLE André, DELUMEAU Jean, FARGE Arlette, *La plus belle histoire du bonheur*, Le Seuil, 2004.

DELPIERRE Laurence, LAURU Didier, *La sexualité des enfants n'est pas l'affaire des grands*, Hachette Littératures, 2008.

DE SINGLY François, *Le soi, le couple et la famille*, Armand Colin, 2005.

DOLTO Françoise, *Tout est langage*, Gallimard, 1995 ; *Les Étapes majeures de l'enfance*, Gallimard, « Folio », 1994.

FITOUSSI Michèle, *Le Ras-le-bol des superwomen*, Calmann-Lévy, 1987.

KLEIN Melanie, *L'Amour et la Haine : le besoin de réparation*, Payot, 2001.

GOLDER Eva-Marie, *Au seuil de l'inconscient, le premier entretien*, Payot, 1996.

PENNAC Daniel, *Chagrin d'école*, Gallimard, 2007.

LÉVY-SOUSSAN Pierre, *Éloge du secret*, Hachette Littératures, 2006.

PUYULO Rémy, *Héros de l'enfance, figures de la survie*, ESF, 1998.

REY Olivier, *Une folle solitude, Le fantasme de l'homme auto-construit*, Le Seuil, 2006.

ROUDINESCO Élisabeth, *La Famille en désordre*, Fayard, 2002.

STORA Michael, *Les écrans, ça rend accroc... ça reste à prouver*, Hachette Littératures, 2007.

WINNICOTT Donald W., *Agressivité, culpabilité, réparation*, Payot, 1994 ; *L'Enfant et sa Famille*, Payot, 1991.

Table

DU MÊME AUTEUR

Papa, maman, laissez-moi le temps de rêver !, Albin Michel, 1995
Me débrouiller, oui, mais pas tout seul !, Albin Michel, 2001
La nounou, nos enfants et nous, Albin Michel, 2004

DANS LA MÊME COLLECTION

Crèches, nounous et cie – Modes de garde, mode d'emploi
   Anne WAGNER et Jacqueline TARKIEL

Hors collection
Petites histoires pour devenir grand – À lire le soir pour aborder
avec l'enfant ses peurs, ses tracas, ses questions
   Sophie CARQUAIN
Petites histoires pour devenir grand 2 – Des contes pour leur
apprendre à bien s'occuper d'eux
   Sophie CARQUAIN
Petites leçons de vie – Pour l'aider à s'affirmer
   Sophie CARQUAIN

Composition IGS-CP
Impression : Imprimerie Floch, décembre 2008
Éditions Albin Michel
22, rue Huyghens, 75014 Paris
www.albin-michel.fr

ISBN : 978-2-226-18746-8
ISSN : 1275-4390
N° d'édition : 25979 – N° d'impression : 72631
Dépôt légal : janvier 2009
Imprimé en France.

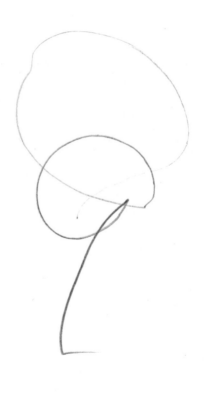